ニチガク式学習支援!!

日本学習図書（ニチガク）

ニチガクの家庭学習支援

Web学習サポートサービス

こんなこと…ありませんか？

「ニチガクの問題集…買ったはいいけど、、、
この問題の教え方がわからない（汗）」

メールでお悩み解決します！

☆ホームページ内の専用フォームで必要事項を入力！

☆教え方に困っているニチガクの問題を教えてください！

☆確認終了後、具体的な指導方法をメールでご返信！

☆全国どこでも！スマホでも！ぜひご活用ください！

<質問回答例>

学習のポイント

推理分野の学習では、後の学習に活きる思考力を養うことができます。ご家庭で指導する場合にも、テクニックにたよらず、保護者の方が先に基本的な考え方を理解した上で、お子さまによく考えさせることを大切にして指導してください。

Q.「お子さまによく考えさせることを大切にして指導してください」と学習のポイントにありますが、考える習慣をつけさせるためには、具体的にどのようにしたらいいですか？

A. お子さまが考える時間を持てるように、質問の仕方と、タイミングに工夫をしてみてください。
たとえば、「答えはあっているけど、どうやってその答えを見つけたの」「答えは○○なんだけど、どうしてだと思う？」という感じです。はじめのうちは、「必ず 30 秒考えてから手を動かす」などのルールを決める方法もおすすめです。

まずは、ホームページへアクセスしてください!!

http://www.nichigaku.jp　日本学習図書　検索

目指せ！合格！

家庭学習ガイド
桐朋学園小学校

制 作　巧緻性　行動観察

入試情報

応募者数：男子 395 名　女子 207 名
出題形態：ノンペーパー
面　　接：なし
出題領域：口頭試問、工作・巧緻性、行動観察

入試対策

例年入学試験はペーパーテストや面接がなく、2020 年度も、１日目に口頭試問と制作、２日目に行動観察のみで試験が実施されました。両日とも１時間に及ぶ試験となっており、出題項目が少なく、１つの項目をじっくり観察する試験形式が大きな特徴となっています。制作・行動観察は複雑な指示を理解するだけでなく、「自分で考えて行動する」ための思考力も要求されるレベルの高い課題です。指示を聞き、その場に応じた行動を取ることは当然ですが、合格の基準はもっと高いところにあると考えたほうがよいでしょう。

- ペーパーテストがないと試験対策は難しくなります。おそらく、もともとの趣旨は「幼児に過度な学習をさせない」ということのために取られている試験形態ですが、観点がわかりにくくなっているために、試験対策学習が広範囲かつ漠然としたものになるからです。当校に絶対合格という保護者の方には、ある程度の覚悟が必要でしょう。
- 制作問題の課題には、複雑な指示・手順が必要なものがあります。指示は良く聞き、理解しましょう。
- 単純な制作ではなく、パズルや積み木など思考力を要求される課題が出題されることもあります。ペーパーテストではありませんが、ペーパー学習に取り組んでおく必要はあると言えます。

必要とされる力　ベスト３

チャートで早わかり！

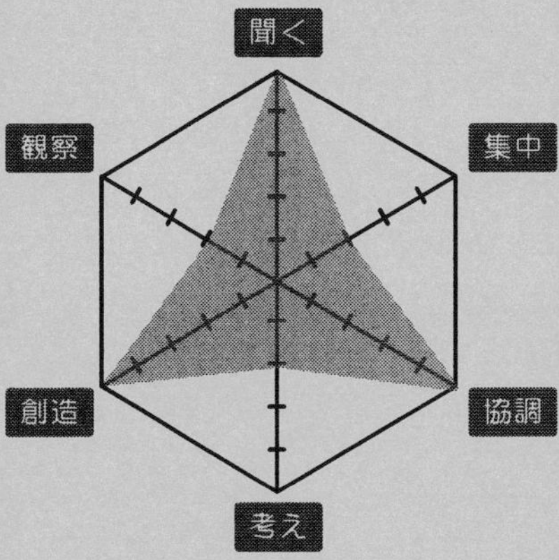

特に求められた力を集計し、左図にまとめました。
下図は各アイコンの説明です。

	アイコンの説明
集中	集　中　力…他のことに惑わされず１つのことに注意を向けて取り組む力
観察	観　察　力…２つのものの違いや詳細な部分に気付く力
聞く	聞　く　力…複雑な指示や長いお話を理解する力
考え	考える力…「～だから～だ」という思考ができる力
話す	話　す　力…自分の意志を伝え、人の意図を理解する力
語彙	語　彙　力…年齢相応の言葉を知っている力
創造	創　造　力…表現する力
公衆	公衆道徳…公衆場面におけるマナー、生活知識
知識	知　　識…動植物、季節、一般常識の知識
協調	協　調　性…集団行動の中で、積極的かつ他人を思いやって行動する力

※各「力」の詳しい学習方法などは、ホームページに掲載してありますのでご覧ください。http://www.nichigaku.jp

「桐朋学園小学校」について

〈合格のためのアドバイス〉

受験者数が600人を超える、東京市部でも人気の私立小学校です。当校の入学試験はペーパーテストがありません。実施項目も少ないのが特徴ですが、その分１つひとつの課題を、集中して行う必要がある試験です。実施項目が少ないために対策は容易であると考えられがちですが、決してそのようなことはありません。「少人数のグループ、かつ、じっくり行われる」ことで、お子さまの素の状態が出やすくなるわけですが、そこを評価されるということは、普段の躾や習慣がそのまま合否につながるということになります。生活の中に試験対策を落としこまなければいけない点において、安易ではないと言えるでしょう。さらに、面接テストがない分、試験中の受け答えも非常に大切になってきます。作業中に言葉をかけられた際、手を止めて先生の方向を向くなど、細かい点にも注意を払いましょう。

制作は年度によって「自由に」というものもあれば、複雑な作業を要求するものもあります。これと言った傾向はありませんが、大勢の志願者がいる中で、指示を勘違いしてしまうと評価の対象から外れてしまいます。まずは指示をよく聞き、理解することが必要でしょう。

また、過去には制作課題で、パズルを解く、積み木を並べるといったものも出題されています。いずれも複雑な手順を要求されるものですが、手先の器用さはあまり関係なく、指示を理解することが必要になってきます。行動観察では図形や推理思考分野をモチーフにしたペーパーテストに近い出題もされています。ペーパー学習対策も怠らないようにしましょう。

行動観察は大きく分けて２つのタイプがあります。日常生活の延長として片付けなどを行うものと、グループでゲームをしたり、何かを制作したりするものです。前者は出題の仕方に工夫があり、指示の内容を理解して効率よく結果を出すとよい評価を受ける、「能力」を観点としたものです。後者は集団行動への適応力を中心に、振るまいを観点としていますが、特にリーダーシップを求められているわけではありません。ほかの志願者に配慮しながら行動することを意識させましょう。

〈2020年度選考〉

〈考査１日目〉
- ◆口頭試問
- ◆工作・巧緻性

〈考査２日目〉
- ◆行動観察・運動（集団）

◇過去の応募状況

2020年度　男子395名　女子207名
2019年度　男子376名　女子183名
2018年度　男子362名　女子195名

入試のチェックポイント

◇受験番号は…「生年月日順」
◇生まれ月の考慮…「あり」

〈本書掲載分以外の過去問題〉

- ◆制作：フェルト・毛糸・ひもなどを使ってエプロンを作る。［2013年度］
- ◆制作：のりのついた紙の上に砂を振りかけ、砂絵を作る。［2012年度］
- ◆制作：紙皿を指示通りに切って帽子を作る。［2011年度］
- ◆観察：さまざまな道具を使って、できるだけ高いタワーを作る。［2013年度］

目指せ！合格！

家庭学習ガイド
桐朋小学校

入試情報

応募者数：男子 248 名　女子 138 名
出題形態：ノンペーパー
面　　接：なし
出題領域：個別テスト・口頭試問（１次試験）、
　　　　　工作・巧緻性、行動観察、運動（２次試験）

入試対策

当校の入試は、１次試験で個別テスト・口頭試問が行われ、２次試験（集団）で制作、行動観察、運動テストが実施されています。全体的に見ると、それほど難しい課題や問題はありません。受験者がどう感じたのか、というような正解のない問題が多いのが特徴です。これは、当校の入試に対する考え方が、入試時点の能力を測るというよりは将来性を期待するものだからでしょう。ありのままのお子さまを評価したいということです。保護者の方は、口頭試問（１対１）で話すことに慣れさせておくこと、当日のコンディションを精神的に整えることに注意してください。

●1次試験の合格者のみが2次に臨む2段階選抜方式の入試ですが、1次試験はほとんどの志願者が合格します。内容も基礎的なものが多く、特殊な試験対策は必要ありません。

●1次試験の個別テスト・口頭試問は、テスターと1対1で行われ、例年、数量・常識・推理・図形など広い分野から選ばれて出題されています。数量の分野なら10までの数が数えられる、常識では仲間分けできるかといった基礎的な内容が中心です。口頭試問の形式に慣れておけば、緊張しすぎることがない限り、問題ありません。

必要とされる力　ベスト6

チャートで早わかり！

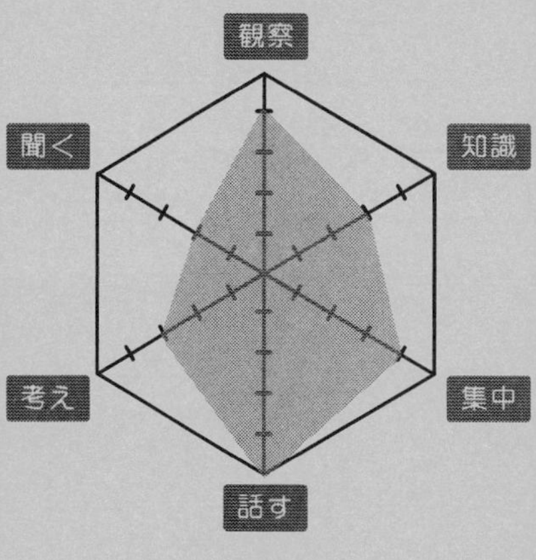

特に求められた力を集計し、左図にまとめました。
下図は各アイコンの説明です。

	アイコンの説明
集中	集　中　力…他のことに惑わされず１つのことに注意を向けて取り組む力
観察	観　察　力…２つのものの違いや詳細な部分に気付く力
聞く	聞　く　力…複雑な指示や長いお話を理解する力
考え	考える力…「～だから～だ」という思考ができる力
話す	話　す　力…自分の意志を伝え、人の意図を理解する力
語彙	語　彙　力…年齢相応の言葉を知っている力
創造	創　造　力…表現する力
公衆	公衆道徳…公衆場面におけるマナー、生活知識
知識	知　　　識…動植物、季節、一般常識の知識
協調	協　調　性…集団行動の中で、積極的かつ他人を思いやって行動する力

※各「力」の詳しい学習方法などは、ホームページに掲載してありますのでご覧ください。http://www.nichigaku.jp

「桐朋小学校」について

〈合格のためのアドバイス〉

当校で実施されている個別テスト・口頭試問と、ペーパーテストとの大きな違いは、「ペーパーテストは結果で採点されるのに対し、個別テスト・口頭試問は解答を導き出すプロセス、発表する時の言葉遣いや態度、解答はトータルで観察される」というところです。また、テスターとは１対１で行われるため、緊張感も高まる中、出題を１回で聞き取らなければなりません。出題される問題自体は難しい内容ではありません。基礎学習をしっかりと行うことが大切です。

学習方法としておすすめなのは、なぜその解答になったのかをお子さまにきちんと説明させることです。説明することで解答を発表する練習にもなり、問題に対する理解も深まります。なお、個別テスト・口頭試問は、立ったまま行われます。この点に関しても、試験が近付いてきたら慣れておく必要があります。

集団テストでは遊びを通して、指示への理解、さまざまな生活習慣が身に付いているかが観られています。こういった出題形式は当校入試の大きな特徴となっており､当校が公共の場でのマナーや「躾」を重視していることがうかがえます。いわば、対策の要は「生活習慣の改善」ということになり、お子さまを通して、保護者の方の公共の場でのマナーやお子さまに対する躾が観られていると思いましょう。自分が出したゴミ以外でも、ゴミを見かけたら進んで拾うなど、保護者の方の率先した行動が、お子さまの習慣そのものになることを意識してください。

集団の中で行われる運動テストは、基本動作の連続になります。１つひとつの動作を確実にこなすとともに、体力を付けておくようにしてください。思い切り遊ぶことも大切です。また、お友だちとの遊びの中で、他人との関わりや思いやりなどを育むこともできます。時にはトラブルも起きるでしょう。その時は最初から保護者の方が干渉していくのではなく、トラブルの収め方も含め、子どもたち自身で解決するように見守ってください。

〈2020 年度選考〉

〈１次試験〉

◆個別テスト・口頭試問（テスターと１対１）

〈２次試験／１次試験合格者のみ〉

◆工作・巧緻性

◆行動観察

◆運動テスト

◇過去の応募状況

2020 年度 男子 248 名 女子 138 名
2019 年度 男子 217 名 女子 127 名
2018 年度 男子 193 名 女子 122 名

入試のチェックポイント

◇受験番号は…「ランダムに決める」
◇生まれ月の考慮…「あり」

〈本書掲載分以外の過去問題〉

◆制作：模造紙に集団で絵を書き、その上で遊ぶ。[2015 年度]
◆数量：複数の動物に同じ数だけおはじきを分ける。[2014 年度]
◆制作：弁当の中味（玉子焼き・おにぎり・りんごなど）を制作。[2015 年度]
◆観察：弁当をバンダナで包む。ナップサックの口ひもをリボン結び。[2011 年度]
◆推理：いくつかの例を見て、ものの変化を推理する。[2011 年度]

㊢ 先輩ママたちの声！

◆実際に受験をされた方からのアドバイスです。
ぜひ参考にしてください。

桐朋学園小学校

・説明会の時と試験日の時で入る学校の門が違いました。国立駅から行くと15分位余計にかかるので、その時間も考慮した方がいいと思います。

・受付終了後、すぐ会場へ行ってしまうため、外で受付を待つ間に子どもに声かけをしてあげた方が、子どもがリラックスできると思います。

・試験中に待たされる時間が長かったようです。静かにきちんと待てるかなどの態度も、よく観られていたのではないかと思います。早めの行動を心がけ、お手洗いも事前に行っておいた方がよいと思います。

・他校とは雰囲気が違い、ざっくばらんな感じでした。テストも楽しむ位の方がよいと思います。

桐朋小学校

・試験が２日間あり、さまざまなことをやりますが、どんな状況でもしっかりと人の話を聞き、落ち着いて行動できることが大切だと思います。

・受付開始まで外で待機しますので、防寒対策をした方がよいと思います。時間厳守で、受付や試験の開始時間もきっちりしています。早めに行くことはないと思いますが、余裕を持って行動できるように心がけることをおすすめします。

・ペーパーテストは今年もありませんでした。２次のテストの内容は、生活力や手伝いをしているかどうかも重要なのだと感じました。

・アンケートでは、子どもたちが泥遊びをしている写真を見て、どのような声が聞こえますかというお題が出されました。

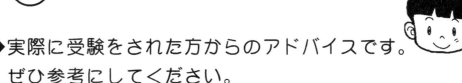

桐朋学園小学校
桐朋小学校

過去問題集

〈はじめに〉

現在、少子化が叫ばれているにもかかわらず、私立・国立小学校の入学試験には一定の応募者があります。入試は、ただやみくもに学習するだけでは成果を得ることはできません。志望校の過去における出題傾向を研究・把握した上で、練習を進めていくこと、その上で試験までに志願者の不得意分野を克服していくことが必須条件です。そこで、本問題集は小学校を受験される方々に、志望校の出題傾向をより詳しく知って頂くために、過去に遡り出題頻度の高い問題を結集いたしました。最新のデータを含む精選された過去問題集で実力をお付けください。

また、志望校の選択には弊社発行の「2021年度版　首都圏・東日本　国立・私立小学校　進学のてびき」（4月下旬刊行）をぜひ参考になさってください。

〈本書ご使用方法〉

◆出題者は出題前に一度問題を通読し、出題内容などを把握した上で、〈　準　備　〉の欄に表記してあるものを用意してから始めてください。

◆お子さまに絵の頁を渡し、出題者が問題文を読む形式で出題してください。問題を読んだ後で、絵の頁を渡す問題もありますのでご注意ください。

◆「分野」は、問題の分野を表しています。弊社の問題集の分野に対応していますので、復習の際の目安にお役立てください。

◆問題番号右端のアイコンは、各問題に必要な力を表しています。詳しくは、アドバイス頁（色付きページの１枚目下部）をご覧ください。

◆一部の描画や工作、常識等の問題については、解答が省略されているものがあります。お子さまの答えが成り立つか、出題者が各自でご判断ください。

◆〈　時　間　〉につきましては、目安とお考えください。

◆［〇年度］は、問題の出題年度です。［2020年度］は、「2019年の秋から冬にかけて行われた2020年度志願者向けの考査の問題」という意味です。

◆学習のポイントは、指導の際にご参考にしてください。

◆【おすすめ問題集】は各問題の基礎力養成や実力アップにご使用ください。

〈本書ご使用にあたっての注意点〉

◆文中に **この問題の絵は縦に使用してください。** と記載してある問題の絵は縦にしてお使いください。

◆〈　準　備　〉の欄で、クレヨンと表記してある場合は12色程度のものを、画用紙と表記してある場合は白い画用紙をご用意ください。

◆文中に **この問題の絵はありません。** と記載してある問題には絵の頁がありませんので、ご注意ください。なお、問題の絵の右上にある番号が連番でなくても、中央下の頁番号が連番の場合は落丁ではありません。

下記一覧表の●が付いている問題は絵がありません。

問題１	問題２	問題３	問題４	問題５	問題６	問題７	問題８	問題９	問題10
		●					●	●	
問題11	問題12	問題13	問題14	問題15	問題16	問題17	問題18	問題19	問題20
		●		●					●
問題21	問題22	問題23	問題24	問題25	問題26	問題27	問題28	問題29	問題30
●					●				
問題31	問題32	問題33	問題34	問題35	問題36	問題37	問題38	問題39	問題40
●							●		●

◎学習効果を上げるため、前掲の「家庭学習ガイド」及び「合格のためのアドバイス」をお読みになり、各校が実施する入試の出題傾向を、よく把握した上で問題に取り組んでください。
※冒頭の「本書ご使用方法」「ご使用にあたっての注意点」も併せてご覧ください。

〈桐朋学園小学校〉

2020年度の最新問題

問題1　分野：行動観察（座標）　集中　考え

〈準 備〉　磁石（赤、黄、青、白色で12～16個）

〈問 題〉　①（問題1-1の左の絵を見せて）
絵を見てください。同じ様に右の絵に磁石を置いてください。
②（問題1-2の左の絵を見せて）
絵を見てください。赤の磁石はそのままで、青の磁石が置かれているところには黄色、黄色の磁石が置かれているところには青色に変えて右の絵に磁石を置いてください。
③（②で使った右の絵をそのままにする）
今、置いた磁石を確認してください。赤の磁石が3カ所置かれています。それらが置かれている間の線に赤以外の磁石をすき間なく置いていきましょう。同じ色の磁石が連続にならないように置いてください。

〈時 間〉　30分程度

〈解 答〉　①省略　②下記参照

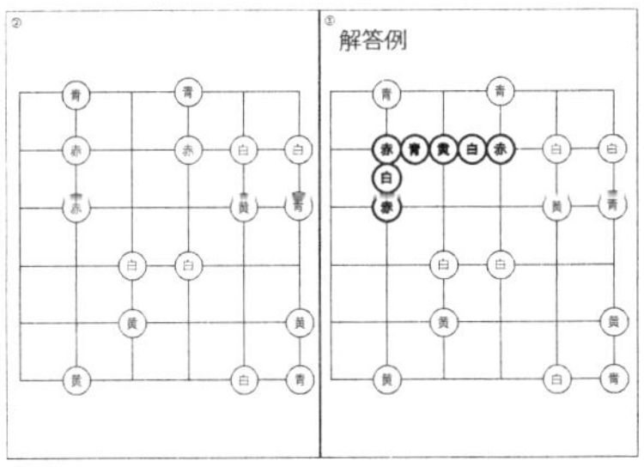

［2020年度出題］

学習のポイント

当校の行動観察の問題は、一般的なそれとは少し異なっています。ペーパーテストで出題されるような要素が含まれる、独特な形式になっているからです。ノンペーパーテスト形式ではありますが、ペーパー学習もしておく必要があるということです。この問題は、図形分野に属する座標の問題です。見本通りに磁石を置くことができるかどうかが問われているので、内容自体はあまり難しくないでしょう。②は条件が変わる置き替えの考え方が加わるので、指示に対する理解力も観られています。③も赤の磁石の間に、重複しないよう、別の色の磁石を並べる、という約束を理解する力が求められています。つまり作業できることよりも、指示をよく聞き、提示されている約束を理解できるかを大切にしたい問題だと言えます。

【おすすめ問題集】
Ｊｒ・ウォッチャー２「座標」

問題2　分野：制作

集中　創造

〈準備〉　ハサミ、割りピン（２つ）、穴あけパンチ（１つ穴用）

〈問題〉　**この問題は絵を参考にしてください。**
（問題２－２のイラストを渡す）
①紙に書かれている太線をハサミで切ってください。太線が見えるように切りましょう。
（問題２－１のイラストを見せる）
②絵のように切り取った紙の黒い●を重ねて、穴あけパンチで穴を開けてください。
③開いた穴に割りピンを刺し、留めてください。

〈時間〉　20分

〈解答〉　省略

［2020年度出題］

学習のポイント

制作の問題です。ハサミで切り取ったパーツを重ねて、穴あけパンチで穴を開け、それを割りピンで留めるという問題です。複雑な指示ではありません。よく聞いて作業を進めていけば難しくありません。しかし、ふだんの生活の中でよく使う道具ではありませんから、道具自体にとまどうお子さまもいらっしゃるでしょう。学校としてもはじめて見た道具を使いこなせるかどうかを観ていると思ってください。もちろん、どのように道具を使うかは作業前にあらかじめ説明があります。ただ、これらの道具を使った経験があることに越したことはありません。何事も経験です。さまざまなものに触れさせてみましょう。

【おすすめ問題集】
実践 ゆびさきトレーニング①②③、Ｊｒ・ウォッチャー23「切る・貼る・塗る」

問題3　分野：制作

集中　創造

〈準 備〉　穴あけパンチ、のり、ハサミ、モール（３本）、
画用紙（緑、青、茶、２枚ずつ）など

〈問 題〉　**この問題の絵はありません。**
問題２で作ったものを生かして、自由に制作しましょう。
準備されたものから何を使ってもかまいません。

〈時 間〉　40分

〈解 答〉　省略

［2020年度出題］

学習のポイント

問題２でつくったものを発展させて、自由に制作する課題です。「○○を作ってください」という指示がなく、お子さまが制作物を決めるといういわゆる「自由行動」の課題です。すぐに課題に取り組める子もいれば、ずっと悩んでしまう子もいると思います。こういった課題では、作品の出来が合否に直接影響するとは考えにくいでしょう。大切なのは「自由に」作れるかということです。「自由に」と言われたときに、すぐ作るものを想像できるか、それを形にできる巧緻性（表現力）が備わっているか、などを観察してみましょう。自由であることは、正解がないということです。正解がない分、できることの幅は広がりますが、さらにそれだけ普段の経験値が見えてくるものです。お子さまをとりまく環境を客観的に評価してみてください。

【おすすめ問題集】
実践 ゆびさきトレーニング①②③、Ｊｒ・ウォッチャー23「切る・貼る・塗る」

問題４　分野：行動観察

聞く　協調

〈準備〉　テープ
（あらかじめ床に◇の形にテープを貼る、１辺の長さは約10メートル）

〈問題〉　この問題は絵を参考にしてください。
①線の上に並んでください。正面にいるお友だちに背を向けるように立ってください。
②みんなで歌を歌って、ゆっくり後ろ歩きでダイヤモンドの真ん中へ進んでください。背中が向かい合わせになったら、先生が歌に合わせて体の部分を言うので、ほかのお友だちと先生が歌った体の部分をくっつけてください。
ではじめます。
③みんなで「くっついた、くっついた～どことどこがくっついた～」と歌う。
先生が「手と手がくっついた」と歌うので、近くのお友だちといっしょに手と手をくっつける。これを２回ほど繰り返す。
※体の部分は背中、足などに変更する。

〈時間〉　30分

〈解答〉　省略

［2020年度出題］

学習のポイント

この課題は入試２日目に行われました。この問題の指示は複雑ではないので、何かを考えながらこなすような特別な課題ではありません。楽しみながら取り組めればよいでしょう。ただ、集団での課題ですから、自分だけが楽しむというのではなく、他のお友だちもいっしょに楽しめる配慮は必要でしょう。例えば、後ろ向きで歩く際に、隣のお友だちの歩幅に合わせてあげられるか、不意にぶつかってしまった時に「ごめんね」と言えるか、というようなことです。また、おとなしいのはダメというわけでもありません。全く参加しようとしなかったり、泣いてしまうようなことがなければ大丈夫でしょう。

【おすすめ問題集】
Ｊｒ・ウォッチャー29「行動観察」

家庭学習のコツ①　「先輩ママのアドバイス」を読みましょう！

本書冒頭の「先輩ママのアドバイス」には、実際に試験を経験された方の貴重なお話が掲載されています。対策学習への取り組み方だけでなく、試験場の雰囲気や会場での過ごし方、お子さまの健康管理、家庭学習の方法など、さまざまなことがらについてのアドバイスもあります。先輩ママの体験談、アドバイスに学び、ステップアップを図りましょう！

問題5　分野：行動観察

集中　協調

〈準備〉　うちわ（オレンジ１枚、水色３枚、ピンク４枚）、テープ（スタートの線とゴールの線をつくる：間隔20メートルほど。四角３つをつくる：間隔約５メートル、左右真ん中に散らばるように）、箱１つ（ゴールに置く）、紙ふうせん

〈問題〉　この問題は絵を参考にしてください。

①ほかのお友だちと４人組のチームを作りましょう。
②先生に呼ばれ、風を起こすチームと紙ふうせんを風から守りながら移動するチームに分かれます。
③紙ふうせんを風から守りながら移動するチームの人たちは、オレンジのうちわ１枚と、水色のうちわ３枚をそれぞれ誰が持つか決めてください。風を起こすチームの人は、ピンクのうちわをそれぞれ１枚持ってください。
④紙ふうせんを移動するチームはオレンジのうちわに紙ふうせんを乗せます。水色のうちわの人は、ピンク色のうちわを持った人が風を起こして邪魔してくるので、それから守るようにオレンジ色のうちわを持った人をゴールまで誘導して、箱の中へ入れてください。
※チーム内で３～４回役割を変えて、そのあとにチームも変える。

〈時間〉　５分

〈解答〉　省略

［2020年度出題］

学習のポイント

この課題はゲーム感覚で楽しめる形式になってます。結果が明確にわかる課題なので、お子さまが結果にこだわりすぎて、やけになったり、負けて駄々をこねたり、役割を譲らなかったりといった、周りのお友だちに迷惑をかける行為は減点の対象になるでしょう。なぜならここで観られているのは、チームの勝敗ではなく、チームのためにどういう働きをするかどうかです。チームが勝つためにどうしたのか、チームメイトと楽しむためにどう動いたか、そういったところを学校は評価します。

【おすすめ問題集】

Ｊｒ・ウォッチャー29「行動観察」

2019年度以前の過去問題

問題6　分野：制作

集中　創造

〈準　備〉　紙皿（底の浅いものと深いもの２種類）、色画用紙（赤・黒など、適宜）、モール（赤・緑など、２種類以上）、洗濯バサミ（適宜）、紙テープ（適宜）、画用紙（適宜）、スティックのり、ハサミ、クレヨン
※以上のものを机にあらかじめ置いておく。底の深い紙皿にはイラストを参照して、あらかじめ切れ込みを入れておく。

〈問　題〉　**この問題は絵を参考にしてください。**
①底の浅い紙皿の点線部分をハサミで切ってください。
②（問題６のイラストを見本にして）切った紙皿を組み合わせてください。
③②でできたものに絵を描いたり、塗ったりして「あなたが好きなもの」を作ってください。ただし、洗濯バサミとモールは必ず使ってください。

〈時　間〉　30分程度

〈解　答〉　省略

［2019年度出題］

学習のポイント

当校の制作問題は、ただ指示に従って行えばよいというものではなく、発想力も必要です。この問題でも、事細かに作るものが指定されているわけではありません。与えられた材料を組み合わせて、年齢相応のアイデアを結果（制作物）として見せる必要があります。小学校受験では制作物の良し悪しは評価されず、指示に忠実であれば問題ないケースが多いのですが、当校はそうではありません。ここでは、「あなたが好きなものを作る」という課題です。少なくとも「制作したものがなにかがわかる」程度の完成度は必要でしょう。また、自由に作って良いと言いながらも、材料に指定があるので、あらかじめその部品をどこに使うかをイメージしておくといった計画性も必要です。対策としては、ふだんの工作から、完全に自由に制作を行うのではなく、ある程度完成図をイメージすること、そして、必要な材料と手順を漠然とで構わないので作業の前に考えておく習慣を身に付けておくことでしょう。

【おすすめ問題集】
実践 ゆびさきトレーニング①②③、Ｊｒ・ウォッチャー23「切る・貼る・塗る」

問題7　分野：制作

集中　創造

〈準　備〉　ストロー（太いもの、１本）、モール（１本、30cm程度）、板（穴が９ヶ所あるもの）

〈問　題〉　（問題７のイラストを見せて）
①左の四角に描いてあるようにしてください。
②右の四角にかいてあるようにしてください。

〈時　間〉　10分

〈解　答〉　省略

［2019年度出題］

学習のポイント

巧緻性（手先の器用さ）が観点になっている制作の課題です。前問と違い、創造力を発揮する場面はありませんから、行動観察の意味合いが強い問題と言えます。当校はペーパーテストがなく、制作と行動観察で志願者を評価します。誰でもができるような制作だと志願者同士で差がつかないせいもあるのか、こうした志願者には難しいと思える作業が課題になることがあります。見本の示し方も、できあがった物を見せるというやり方です。この方式だと、プロセスも想像しなければならないので、こうした作業の経験が少ないお子さまにはさらに難しかったかもしれません。前問でも少し述べましたが、当校の制作問題には「考えさせる要素」が必ず入っていますから、単に課題になったことがあるものを手とり足取り作らせても効果的な対策学習になっているとは言えません。保護者の方が、当校の入試の観点を知り、お子さまに的確な課題を与えるようにしてください。

【おすすめ問題集】

実践 ゆびさきトレーニング①②③

Ｊｒ・ウォッチャー23「切る・貼る・塗る」

問題8　分野：行動観察

聞く　協調

〈準 備〉　新聞紙（適宜）

※この問題は10人程度のグループで行う。

※新聞紙を１人１枚持ち、テスターを中心にして各自が広げ、その上に立つ。

〈問 題〉　この問題の絵はありません。

①これから私とジャンケンをして、負けた人は新聞紙を半分に折ってから次のジャンケンまで待っていてください。

②自分の立つ場所がなくなったら、まだ立つ場所のあるお友だちに「入れて」と言ってから移ってください。

③立つ場所がなくなった人が出たら終わりです。

（数回ジャンケンを行う）

〈時 間〉　問題９と合わせて60分

〈解 答〉　省略

［2019年度出題］

学習のポイント

行動観察では、集団で課題に取り組む中でどのように振る舞うかが観られます。まずは先生の指示をしっかりと聞き、課題に取り組みましょう。指示の理解、協調性、積極性など評価のポイントはさまざまですが、目的は「入学してから問題なく学校生活が送れるかを能力面・情操面でチェックする」の１つだけです。保護者の方は、教師にお子さまの行動がどのように映るのかを考えて、こうした課題に取り組ませ、評価してください。もちろん、お子さまに「どのような印象を持たれるかを考えて行動しなさい」と言っても、ほとんどのお子さまには無理です。マナーやルールを守らせること、思いやりを持ってコミュニケーションを取ることを生活の中でお子さまに守らせ、結果的によい評価をされる行動をするようにお子さまを導くしかありません。

【おすすめ問題集】

Ｊｒ・ウォッチャー29「行動観察」

問題9　分野：行動観察

聞く　協調

〈準備〉　新聞紙（適宜）、箱
※５人程度のグループで行う。
※１枚の新聞紙を丸め、ボール状にしておく。

〈問題〉　この問題の絵はありません。
①新聞紙の両端を持って、その上にボール（新聞紙を丸めたもの）を載せ、次の人に渡してください。渡す時はボールに触れてはいけません。
②ゴールまで渡し終えたら、ボールをゴールにある箱に入れてください。
（５つ程度、箱に入れたら終了）

〈時間〉　問８と合わせて60分

〈解答〉　省略

［2019年度出題］

学習のポイント

こうしたゲームのような課題を行う時、お子さまによっては、ついむきになってしまうこともあるかもしれませんが、余程でなければ結果は評価の対象にはならないので、気にしないようにしましょう。ここでの評価の対象は、ほぼ協調性のみと考えてください。例えば、ボールを渡す時は「手を使わないで」という指示はもちろん守らなければなりませんが、相手のことを気遣って、やりやすいようにボールを渡しているかということが評価されるのではないでしょうか。当校入試の行動観察は、グループで行われるものとそうでないものがありますが、グループで行われるもののほとんどは協調性を観点としたもので、なおかつコミュニケーション能力を測るものです。言葉にしろ、行動にしろ相手を慮ったことができているかがとわれています。ただし、出来は評価されないと言っても年齢相応の体力がないと思われるのはよくありません。悪目立ちしない程度に、体力はつけておきましょう。

【おすすめ問題集】
Ｊｒ・ウォッチャー29「行動観察」

家庭学習のコツ②　「家庭学習ガイド」はママの味方！

問題演習を始める前に、試験の概要をまとめた「家庭学習ガイド（本書カラーページに掲載）」を読みましょう。「家庭学習ガイド」には、応募者数や試験科目の詳細のほか、学習を進める上で重要な情報が掲載されています。それらの情報で入試の傾向をつかみ、学習の方針を立ててから、対策学習を始めてください。

問題10　分野：行動観察

観察　考え

〈準 備〉　板（穴が16ヶ所あるもの）、爪楊枝（２本）、色画用紙（赤・青）、矢印が描いてある紙、タンバリン
※問題10のイラストを参考にして、爪楊枝と色画用紙で「旗」を作っておく。
※板と「旗」をあらかじめ渡しておく。
※矢印を書いた紙はテスターが、志願者の見える位置に持っておく。

〈問 題〉　**この問題は絵を参考にしてください。**
①（矢印を下向きにして）
今から先生がタンバリンを打った回数だけ、スタートから矢印の方向へ行ったところに青い旗を立ててください（タンバリンを３回叩く）。
②（矢印を右向きにして）
同じように赤い旗を立ててください（タンバリンを３回叩く）。
③（矢印を右向きにして、タンバリンを３回叩いた後、矢印を上向きにして２回叩く）今タンバリンを叩いたように青い旗を動かしてください。

〈時 間〉　５分

〈解 答〉　省略

［2019年度出題］

学習のポイント

内容はともかく、指示は複雑なので、よく聞いておかないとどうしてよいのかわからなくなりそうです。言わずもがなのことですが、指示は注意して聞きましょう。ここではグループ対象の行動観察とは違い、指示を理解するだけのコミュニケーション能力が観点です。座標について知っていればもっとわかりやすくなるかもしれませんが、必須ではなく、説明をよく聞けば理解できる程度の課題です。当校の入試では行動観察で３つの課題ですが、うち１つがこのような個人の能力を観点としたものです。他校の口頭試問のように常識などの年齢相応の知識を聞くわけではなく、パズルや積み木など思考力を問う課題が出題されることが多いので、こうしたものを基礎から応用まで、実物を使って学んでおきましょう。そういった分野のペーパーテストの問題を解いてもよいですが、入試でまごつかないようにするためには、やはり実物を使ったほうよいでしょう。

【おすすめ問題集】
Ｊｒ・ウォッチャー２「座標」、29「行動観察」

家庭学習のコツ③　効果的な学習方法～問題集を通読する

過去問題集を始めるにあたり、いきなり問題に取り組んではいませんか？　それでは本書を有効活用しているとは言えません。まず、保護者の方が、すべてを一通り読み、当校の傾向、ポイント、問題のアドバイスを頭に入れてください。そうすることにより、保護者の方の指導力がアップします。また、日常生活のさまざまなことから、保護者の方自身が「作問」することができるようになっていきます。

問題11　分野：口頭試問・図形（パズル）

集中　観察

〈準 備〉　折り紙（５cm×５cm程度の大きさ、赤10枚・青10枚を用意し、問題11－１の絵を参考に切れ込みを入れておく）

〈問 題〉　（問題11－１を見せ、折り紙を１色ずつ取る。切れ込みで組み合わせる見本を見せる）
①お手本を見せます。このように、赤と青の折り紙を１枚ずつ取り、切れ込みで組み合わせてください。模様ができます。組み合わせたまま片方の紙を回すと、模様が変わります。
同じようにして、絵の下の段に描いてある模様を作ってください。
（問題11－２の絵を見せる）
②③折り紙を組み合わせて模様を作り、絵のように並べてください。

〈時 間〉　30分

〈解 答〉　省略

［2018年度出題］

学習のポイント

折り紙を組み合わせるパズルの問題です。見本と同じ模様を作ることができる観察力と同時に、組み合わせたまま紙を回す手指の器用さ、回すことによってどんな模様を作ることができるかを想像する力なども観られています。指示が少し難しく、折り紙で作るパターンが多い、難易度が高めの問題となっています。パズルの問題にしても、指先の器用さを観る問題にしても、実際に具体物を使って行う練習は大変有効です。感覚をつかむまで練習量が必要となる分野ですが、本問のように折紙を使ったり、模様が変わる様子を目の前で見せてあげることなどで興味を高めることができるでしょう。また、準備の段階で、折り紙にはさみで切れ込みを入れる作業を一緒に行うことで、当校で例年行われている制作の問題の練習にもなります。安全には十分に注意しながら、積極的にはさみを使う練習も行うようにしましょう。

【おすすめ問題集】
Ｊｒ・ウォッチャー３「パズル」

問題12　分野：制作・巧緻性

観察　考え

〈準 備〉　楕円形の発泡スチロールのトレイ、モール（20本程度）、ストロー、色画用紙、花紙、はさみ、のり（スティック）、セロテープ、つまようじ（トレイに穴をあける際に使うことを説明する）

〈問 題〉　**この問題は絵を参考にしてください。**
「海の生き物」と言われて思いついたものを作りましょう。

〈時 間〉　約30分

〈解 答〉　省略

［2018年度出題］

学習のポイント

制作の課題です。別グループでは、同じ材料・道具を使って、「雲の上にいるもの」を制作するという課題が出されました。題材・材料の使い方ともに自由度が高くなっています。そのため、何を作ったらよいか戸惑ってしまうかもしれません。雲を見上げて「何の形に見える」と聞いたり、落ちている石を「～の形に似ているね」などと声掛けすることで、一つの形から別のものを想像するよう促していきましょう。また、スティックのりやセロテープなどは制作の問題では頻出ですし、逆に薄い花紙などは初めて見る素材かもしれません。初めて目にする素材に戸惑ったりしないよう、制作問題の練習や日頃の遊びの中で、さまざまな素材に触れさせておくのがよいでしょう。

【おすすめ問題集】
実践 ゆびさきトレーニング①②③、Ｊｒ・ウォッチャー23「切る・貼る・塗る」

問題13　分野：行動観察　協調

〈準備〉　光る素材の宝石のおもちゃ（手のひら大、10個程度）を別々の場所に隠しておく

〈問題〉　この問題の絵はありません。
お友だちと一緒に、隠されているダイヤモンド（宝石のおもちゃ）を探してください。

〈時間〉　約15分

〈解答〉　省略

［2018年度出題］

学習のポイント

グループで行う集団遊びです。グループによっては、ダイヤモンドではなく、ミニチュアから子どもが入れるくらいの大きさの、大小さまざまな「お家」を探すゲームが行われました。実際の入試では、まず教室に集合して３人１グループを作り、その後校舎の中庭に移動してゲームが行われました。初めて顔を合わせたお友だちとの協調が観点と考えられます。グループ内・外を問わず、１人でいる子に声をかけたり、またほかのお友だちと意見が分かれた時に高圧的にならずに話し合ったりといった、年齢相応の社会性を身に付けておく必要があります。普段から気を付けるようにしていても、ゲームが盛り上がり楽しくなってくると、ついそういった気遣いを忘れてしまいがちになります。ゲームの中に、他のグループとの競争の要素があるのは、そうした場面を生みやすい状況を作るため、とも考えられます。ゲーム自体は楽しみながらも、常に「一緒に遊んでいるお友だちがいる」ことを忘れないよう、日頃のお友だちとの遊びの中で指導してください。

【おすすめ問題集】
新口頭試問・個別テスト問題集、Ｊｒ・ウォッチャー29「行動観察」

問題14　分野：行動観察

協調　聞く

〈準 備〉　ゴム紐、帽子、野菜や果物のおもちゃ

〈問 題〉　**この問題は絵を参考にしてください。**

みんなで「あおむしごっこ」をします。

・お友だちと２人組を作ってください。２人で話し合って前と後ろを決めてゴム紐の輪に入り、前になった子は帽子をかぶってください。３組で１チームです。
・帽子をかぶった子は、反対のチームの帽子をかぶったお友だちとジャンケンをします。
・ジャンケンで勝ったら、前の子と後ろの子が交代します。２人ともジャンケンに勝ったら、テーブルの上のごちそう（おもちゃ）をもらって自分のチームに戻ってください。
・チームに戻ったら、別のお友だちと２人組を作って、また列に並んでください。
・（ゲームがある程度進んだところで）ルールを変えます。ジャンケンに２回負けた方がごちそうをもらえます。続けてください。

〈時 間〉　約30分

〈解 答〉　省略

［2018年度出題］

学習のポイント

集団遊びの様子を観る行動観察の問題です。ルールをよく聞いて理解しているかが最大の観点と思われます。入試の際、別のグループでは、同じくルールによって役割が細かく指示され、途中で役割が変更される「警察と泥棒」ゲームが行われました。いずれもルールがやや複雑なため、何を行えばよいか、何を行ってはいけないかを最後まで聞いて理解しなければなりません。途中、盛り上がってきた頃にルールの変更があるのも、ゲームの楽しさにのめりこみ過ぎて話を聞くことができなくなっていないかを観るためと考えられます。また、前問と同じく本問でも「競争」「勝負」の要素が入っています。ゲームに勝つためにルール違反をしないか、スタンドプレーをしてお友だちをおいていっていないか、失敗したお友だちを不必要に責めたりしないかなど、協調性もやはり観られています。日常生活の中でこのような傾向が見られた際は、それがいけないことであることを指摘すると同時に、「なぜいけないことなのか」も一緒に説明するようにしてください。

【おすすめ問題集】

新口頭試問・個別テスト問題集、Ｊｒ・ウォッチャー29「行動観察」

問題15　分野：行動観察

協調

〈準備〉　ゴム紐（長さの異なる輪にしておく）

〈問題〉　この問題の絵はありません。
みんなで、ゴムの輪で遊びます。12人のお友だちでゴムの輪の内側に入ってください。入ったら、全員で1列に並んでください。
（だんだんとゴム紐を短くしていきながら、繰り返す）

〈時間〉　約30分

〈解答〉　省略

［2018年度出題］

学習のポイント

ゲーム形式の行動観察では、周りのお子さまの行動に影響されて、ルールを破ったり、騒いでしまうことがあるかもしれません。ふだんのお友だちとの遊びの中で、常に一緒にいるお友だちや周囲の人のことを頭の片隅におくように指導していく必要があります。仲間に入れず困っている子がいたら、誘って一緒に遊んだ方がもっと楽しいこと、ルール違反は成功を台無しにしてしまうことなどを日頃から繰り返し教えなければなりません。当校の試験は、お子さまが楽しく試験を受けられるよう随所に工夫がありますが、それだけに、他人に迷惑はかけないという配慮が必要です。

【おすすめ問題集】
新口頭試問・個別テスト問題集、Ｊｒ・ウォッチャー29「行動観察」

問題16　分野：口頭試問・図形（パズル）

集中　創造

〈準　備〉　あらかじめ、問題16-1の絵をそれぞれ太い線に沿って切り離し、カードにする。

〈問　題〉　（準備した問題16-1の絵のうち、3×3マスの大きさの8枚のカードと、問題16-2の絵を渡す）

①絵を見てください。それぞれのマス目に、今渡したカードが置けるようになっています。それぞれのカードに書かれた線がつながるように、四角のマスの上にカードを置いてください。ただし、マスの真ん中の色がついた部分にはカードを置いてはいけません。また、カードを重ねて置いたりしてはいけません。

（準備した問題16-1の絵のうち、2×2マスの大きさの4枚のカードを渡す）

②（①でカードを置いた問題16-2の絵をそのまま使用する）今置いたカードを見てください。カードの線がつながって、輪になっています。この輪の内側に、今渡した、4枚のカードを置いてください。今度は、真ん中の色がついた部分に置いてもかまいません。ただし、4枚のカードは重ねてはいけません。また、最初に置いたカードの丸印に重なるように置くこともできません。

〈時　間〉　30分

〈解答例〉　下図参照

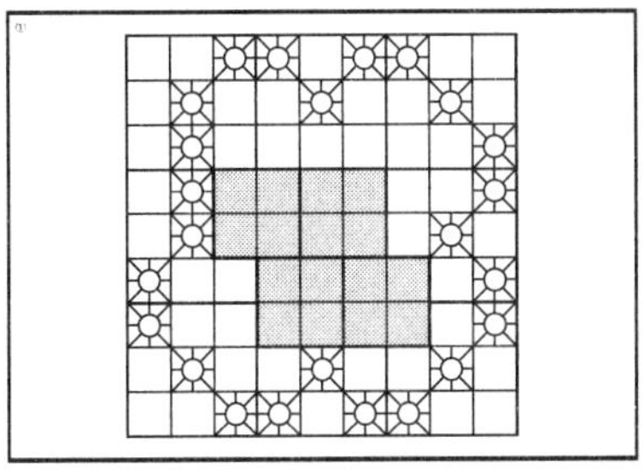

［2017年度出題］

家庭学習のコツ④　効果的な学習方法～お子さまの今の実力を知る

1年分の問題を解き終えた後、「家庭学習ガイド」に掲載されているレーダーチャートを参考に、目標への到達度をはかってみましょう。また、あわせてお子さまの得意・不得意の見きわめも行ってください。苦手な分野の対策にあたっては、お子さまに無理をさせず、理解度に合わせて学習するとよいでしょう。

学習のポイント

パズルの問題ですが、パズルに書かれた絵の合わせ方や置く場所など、細かいルールが多々あります。そうしたルールをしっかり聞いて覚えられるかどうか、問題を理解して指示通りにパズルを完成させられるかどうかがこの問題のポイントです。話を聞く姿勢を身に付けるためには、日々の会話が重要な役割を果たします。ふだんの生活の中で、相手の目を見てしっかり話を聞くことを意識するよう心がけましょう。お子さまに言い聞かせるだけでなく、保護者の方も話す時は家事や作業の手を止めて、お子さまの顔を見て話す態度を見せてあげてください。ルールを理解できれば、実際のパズルはそれほど難しいものではありません。パズルは遊び感覚で取り組める問題です。カードを自由に回転させたり位置を変えたりして、楽しみながら練習を重ねていきましょう。

【おすすめ問題集】

Ｊｒ・ウォッチャー３「パズル」

問題17　分野：工作・巧緻性

観察　考え

〈準備〉　毛糸（８色程度）、画用紙（８色程度）、ハサミ、ボンド、ティッシュペーパー

〈問題〉　（問題17の絵と材料を渡す）
この絵に毛糸と画用紙を貼り付けて、好きな絵を作ってください。

〈時間〉　20分

〈解答〉　省略

［2017年度出題］

学習のポイント

実際の試験では、絵に線が書かれるのではなく、ボンドで麻ひもが貼り付けられていました。また、渡された材料も画用紙ではなく色の付いたダンボールでした。こうした問題の観点は、まず道具が正しく使えているかどうかです。作品の良し悪しは個人の主観によって変わりますが、はさみやボンドなど工作道具の正しい使い方は誰が見ても同じだからです。日ごろの遊びの中で、さまざまな道具に触れて、使い方を体験してみるのが良いでしょう。ボンドは小学校受験に使われる道具としては珍しいですが、基本的な使い方は液体のりと変わりません。接着力が強いので、はみ出たボンドはティッシュペーパーで拭き取ってください。道具の使い方や、片付けの様子も学校は観ています。自分で使った道具は自分で片付けることは当たり前ですが、当たり前だからこそきちんと身に付いているかどうかが観られます。

【おすすめ問題集】

実践 ゆびさきトレーニング①②③、Ｊｒ・ウォッチャー22「想像画」、24「絵画」

問題18　分野：運動

協調　聞く

〈準 備〉　スポンジボール（テニスボール程度の大きさ・１個）、ドッジボール（２個）
新聞紙、かご（２個）、ビニールテープ

〈問 題〉　**この問題は絵を参考にしてください。**
※この問題は６人チームを作り、２チームが競争して行う。
（あらかじめ、絵を参考にして道具を準備しておく）
まずはチームの中で２人組を３つ作ってください。その２人組で、かごの中のボールを向こう側のかごまで運んでもらいます。スポンジボールは、新聞紙の上に乗せて運んでください。新聞紙は２人がそれぞれ片方の端を持ってください。ドッジボールは、２人がそれぞれ片方の手で挟んで支えてください。
ただし、１組が運べるボールは１個だけです。どの２人組がどのボールを運ぶのか、どの順番で走るのかは、チームの中で話し合って決めてください。途中でボールを落としてしまったら、スタートまで戻ってやり直してください。先にボールを３つとも運んだチームが勝ちです。（２セット行う）

〈時 間〉　適宜

〈解 答〉　省略

［2017年度出題］

学習のポイント

この課題では初めて会うお友だちと協力することが求められます。お子さまの社交性や協調性が観られている、と考えた方が良いでしょう。お子さまの人見知りが激しいと、初めて会うお友だちと遊ぶ際に思わぬ行動を取ってしまうかもしれません。そうしたお子さまの特徴を早いうちに把握し、また、知らないお子さまとも仲良く遊べるようになるためにも、公園などへ積極的に遊びに行ったり、家族で出かけたりして、さまざまな体験を重ねてください。この課題のもう１つのポイントは、ほかのグループと競争するということです。競争心を刺激されるとお子さまはつい張り切ってしまうものですが、あまり熱中しすぎると態度が乱暴になってしまったり、ルール違反をしてしまうこともあります。お子さまにそうした傾向があれば、集団生活の中では何が大切なのかを考えさせ、約束を守らないで競争に勝つのは良いことではないと自覚させてください。入学後の生活では、学習だけでなく集団生活におけるマナーなども求められます。

【おすすめ問題集】
新運動テスト問題集、Ｊｒ・ウォッチャー28「運動」

問題19　分野：行動観察

協調　考え

〈準 備〉　ダンボール箱（９個、問題ができるようなものであれば可）
絵を参考にして簡単な絵を描いておく

〈問 題〉　**この問題は絵を参考にしてください。**
（この問題は６人程度のグループで行う）
ダンボールの裏側に絵が書いてあります。この絵が完成するように、みんなで協力してダンボールを重ねてください。

〈時 間〉　適宜

〈解 答〉　省略

［2017年度出題］

学習のポイント

大きな絵を作ることが求められますから、近くで見るだけでは絵の全体像を把握できず、パズルを解くことに苦労してしまうでしょう。練習中にお子さまが困っているようでしたら、少し離れたところから全体像を把握するようアドバイスしてください。離れたところや別の視点から全体を把握するという考え方は、パズルに限らずさまざまな問題に応用できますので、ぜひ身に付けておいてください。また、この課題ではお友だちと協力して行うことが指示されます。パズルの問題に対する得意不得意は人それぞれですから、自分はできてもお友だちは答えがわからず、問題が解けないという場合もあるでしょう。そうした時、できない子を責めるのではなく、一緒に考え、アドバイスしてお友だちを助けられる優しさや協調性を身に付けておいてください。

【おすすめ問題集】
新口頭試問・個別テスト問題集、Ｊｒ・ウォッチャー３「パズル」、29「行動観察」

問題20　分野：制作

集中　創造

〈準備〉　道具：のり、セロハンテープ、はさみ
材料：ティッシュケース程度の大きさの直方体の箱、ウェーブシート２枚（赤・青）、折り紙３枚（赤・青・黄）を机の上に置いておく。

〈問題〉　この問題の絵はありません。
①お手本を見せます。このように机の上にある箱をたたんでください（箱をたたんで見せる）。
②机の上に用意された材料を使って、「自分の好きなもの」を作りましょう。箱はたたんだまま使ってください。

〈時間〉　30分

〈解答〉　省略

［2016年度出題］

学習のポイント

①の箱をたたむという作業は、お手本通りにすればよいので、まずその作業を集中して観察しましょう。当校の制作問題では、お手本として作業手順を見せることが多いので、見逃さないよう注意が必要です。②は自由制作ですが、何を作っているかがわかる程度の完成度は必要でしょう。作品を説明する機会があるかどうかは不明ですが、説明なしで理解してもらえる程度の作品を目指しましょう。「好きなもの」という漠然としたテーマですから、お子さまには難しいことかもしれませんが、完成図をイメージしてから作り始めれば、ある程度は何を作ったか自ずとわかるものになっているはずです。なお、材料が数多くありますが、必ずしもすべてを使い切る必要はありません。盛り込みすぎると、作りたかったものがわからなくなってしまいます。

【おすすめ問題集】
実践 ゆびさきトレーニング①②③、Ｊｒ・ウォッチャー23「切る・貼る・塗る」

桐朋学園小学校　専用注文書

年　　月　　日

合格のための問題集ベスト・セレクション

1st 制　作

聞く力　思考力

2nd 行動観察

聞く力　協調性

分野は行動観察と制作のみです。行動観察の課題は、図形分野の「座標」に近い出題があったりと、ペーパーテストに近い形式になっています。制作は特に指示がない自由な状況で、いかに受験者の創造性を表現できるかが大切になっています。

分野	書　名	価格(税抜)	注文
図形	Ｊｒ・ウォッチャー２「座標」	1,500円	冊
図形	Ｊｒ・ウォッチャー３「パズル」	1,500円	冊
数量	Ｊｒ・ウォッチャー16「積み木」	1,500円	冊
巧緻性	Ｊｒ・ウォッチャー22「想像画」	1,500円	冊
巧緻性	Ｊｒ・ウォッチャー23「切る・貼る・塗る」	1,500円	冊
巧緻性	Ｊｒ・ウォッチャー24「絵画」	1,500円	冊
運動	Ｊｒ・ウォッチャー28「運動」	1,500円	冊
行動観察	Ｊｒ・ウォッチャー29「行動観察」	1,500円	冊
図形	Ｊｒ・ウォッチャー35「重ね図形」	1,500円	冊
推理思考	Ｊｒ・ウォッチャー57「置き換え」	1,500円	冊
	実践 ゆびさきトレーニング①②③	2,500円	各　冊
	新 個別テスト・口頭試問問題集	2,500円	冊
	新 運動テスト問題集	2,200円	冊

合計	冊	円

（フリガナ）
氏　名

電　話

ＦＡＸ

E-mail

住 所　〒　　　－

以前にご注文されたことはございますか。

有　・　無

★お近くの書店、または記載の電話・FAX・ホームページにてご注文をお受けしております。
電話：03-5261-8951　FAX：03-5261-8953　代金は書籍合計金額＋送料がかかります。
※なお、落丁・乱丁以外の理由による商品の返品・交換には応じかねます。

★ご記入頂いた個人に関する情報は、当社にて厳重に管理致します。なお、ご購入の商品発送の他に、当社発行の書籍案内、書籍に関する調査に使用させて頂く場合がございますので、予めご了承ください。

日本学習図書株式会社
http://www.nichigaku.jp

◎学習効果を上げるため、前掲の「家庭学習ガイド」及び「合格のためのアドバイス」をお読みになり、各校が実施する入試の出題傾向を、よく把握した上で問題に取り組んでください。
※冒頭の「本書ご使用方法」「ご使用にあたっての注意点」も併せてご覧ください。

〈桐朋小学校〉

2020年度の最新問題

問題21 分野：口頭試問（面接） 話す

〈準 備〉 なし

〈問 題〉 この問題の絵はありません。
①お名前を教えてください。
②通っている幼稚園・保育園の名前を教えてください。
③一番仲の良いお友だちのお名前を教えてください。
④お友だちと、どんなことをして遊びますか。教えてください。

〈時 間〉 適宜

〈解 答〉 省略

［2020年度出題］

学習のポイント

いわゆる面接で聞かれることが口頭試問で行われました。お子さまの自分の名前、お友だち、幼稚園・保育園の名前など、お子さまの基本的なプロフィールに関することを聞かれることがほとんどです。当たり前のことですが、お子さま自身のことはお子さま自身で答えられるようにしておきましょう。全く答えられなかったり、悪ふざけをしない限りここで評価が下がることはありません。年齢相応のコミュニケーションができるかどうかが観られているだけなので、緊張せずにありのままのお子さまを表現できるようにしましょう。

【おすすめ問題集】
新口頭試問・個別テスト問題集

問題22　分野：口頭試問（水量の比較）　観察

〈準　備〉　同じ大きさのビン４本（中が見えるもの・それぞれ量を変えて色水を入れておく）

〈問　題〉　この問題は絵を参考にしてください。
（ビンを並べ）ここに薬の入ったビンがあります。
①薬の量が多い順にビンを並べてください。
②薬が３番目に多いのはどのビンですか。指でさしてください。

〈時　間〉　①30秒　②即答が望ましい

〈解　答〉　省略

［2020年度出題］

学習のポイント

比較の問題には、数の大小、高さ、長さ、量、重さなどを比べるものがあります。どの場合でも感覚で判断するのではなく、きちんと理由も答えられるようにしましょう。そのためには、まず、状況を理解することが大切です。この問題であれば、ビンの形がすべて同じであるということがわかっているかどうかです。ビンに違いがあれば、１つひとつ違いを確かめなければいけませんが、本問のビンがどれも同じですから、単純に水の高さを比べれば答えは出てきます。また、お子さまによっては、ペーパーテストではスムーズに答えられるが、口頭試問だとうまく答えらないということもあるでしょう。口頭で答える練習を繰り返し行っていけば、自然とできるようになります。経験を増やして、当校の形式に慣れていきましょう。

【おすすめ問題集】
新口頭試問・個別テスト問題集、Ｊｒ・ウォッチャー15「比較」、58「比較②」

問題23　分野：口頭試問（言語・知識）　観察　集中

〈準　備〉　問題23の絵を点線に沿って切っておく

〈問　題〉　（カードを１枚ずつ見せる）
カードの絵を見て、その名前を答えてください。
また、どんな時に使うのか説明してください。

〈時　間〉　適宜

〈解　答〉　省略

［2020年度出題］

学習のポイント

ふだんの生活の中にあるものを答える課題です。言うまでもなく使った経験の有無が解答に大きく左右します。この選択肢では、就学前に経験しないかもしれない「笛（立て笛）」や時代的に触れる機会の少なくなっている「切手」などが該当するでしょう。また当然ですが、経験したことのないものを説明することはできません。お子さまがみたことのないものがこの問題の中にあれば、実際に見せてみましょう。ただ、インターネットなどで画像や動画を見せることは安易な時代ですが、可能であれば本物に触れさせてください。その物の大きさ、重さ、触れた感覚などが、経験として名前とともに、その役割も教えてくれます。

【おすすめ問題集】
新口頭試問・個別テスト問題集、Ｊｒ・ウォッチャー11「いろいろな仲間」

問題24　分野：口頭試問（情操・道徳）

聞く　集中

〈準備〉　なし

〈問題〉　（問題24-1の絵を見せて）
①この中で好きな絵はどれですか。指で指してください。
それはなぜか教えてください。
（問題24-2の絵を見せて）
②泣いている絵があります。どうして泣いていると思いますか。

〈時間〉　適宜

〈解答〉　省略

［2020年度出題］

学習のポイント

特に難しい課題ではありません。聞かれたことに対し、思ったままに解答できれば問題ありません。ここで観られている点は、①は情操面、②は道徳面について問われています。①の場合、例えば、左の絵や真ん中の絵は同じような経験をもとに話せるとよいでしょう。右の絵は空想的な要素を含んでいる分、お子さまの性格も計りやすいかもしれません。②の場合、男の子が女の子を泣かせている絵ですが、経験と年齢相応の道徳観が備わっていればその理由を答えられるでしょう。日頃から話すことに活発な子でも、試験会場のようにふだんと違った雰囲気のある場所では緊張してしまうかもしれません。ただ、当校の入試は能力や知識を測るものではありません。お子さまののびのびとした個性を観ているものなので、普段どおりのお子さまを表現できるように保護者の方は、入試当日にお子さまが緊張しないようなムードを作ってあげましょう。

【おすすめ問題集】
新口頭試問・個別テスト問題集、Ｊｒ・ウォッチャー21「お話作り」

問題25　分野：制作　創造

※問題26と続けて行う。

〈準 備〉　割り箸２本、画用紙、折り紙、花紙、クレヨン、のり、セロハンテープ、はさみなど

〈問 題〉　この問題は絵を参考にしてください。
お店屋さんごっこをします。ここにある道具と材料を使って、お店で売るキャンディーを１つと好きな物を１つ作りましょう。できたら割り箸に貼り付けてください。次にお買い物バッグを１つと、お買い物券を３枚作ってください。

〈時 間〉　20分

〈解 答〉　省略

［2020年度出題］

学習のポイント

入試２日目に行われた、制作・行動観察の課題です。例年、１人ひとりで制作したものを使ってみんなで遊ぶ、という流れで行われています。制作するものに対して、どういう風に作っていくかという過程の指示はありませんでした。この制作の課題では、作業をていねいに集中して行っているか、工夫してよりよい物を作ろうとしているか、お友だちの邪魔をしていないか、道具や材料を大切に扱っているかなどといったことが観点となります。そういったことはいきなり身に付くものではありません。日頃から身の回りの物を大切にし、また周囲の人をきちんと尊重して何ごとにもまじめに取り組むよう指導しておいてください。

【おすすめ問題集】
実践 ゆびさきトレーニング①②③、Ｊｒ・ウォッチャー23「切る・貼る・塗る」

問題26　分野：行動観察　　協調

※問題25と続けて行う。

〈準　備〉　問題25で制作したキャンディーと他の商品、お買い物バッグ、お買い物券、机

〈問　題〉　この問題の絵はありません。
2チームに分かれて行う。1チームの人数は3人

（お店屋さんチームに対し）お店を作りましょう。3人で相談して、売る物を机の上に並べてください。お店ができたら、お客さん（もう1つのチームの3人）を呼んで品物を売りましょう。何か1つ売ったら、お客さんからお買い物券を1枚もらってください。

（お客さんチームに対し）お店が開くのを立って待ちましょう。お店が開いたらお買い物をしましょう。お買い物券1枚で、どれでも好きな物を1つ買うことができます。買った物はバッグに入れましょう。

それではおしまいにして、お店屋さんとお客さんを交代しましょう。
（商品を机に戻し、チームを入れ替えてはじめから行う）

〈時　間〉　10分ずつ（計20分）

〈解　答〉　省略　　[2020年度出題]

学習のポイント

行動観察として「お店屋さんごっこ」を行います。この分野では、先生の指示をきちんと聞いて守っているか、自分の意見をしっかり言い、お友だちの意見を尊重しているか、ふざけたりせずにまじめに取り組んでいるか、など、小学校入学後の集団生活をする上で必要な素地を観られています。ふだんから、お友だちと遊ぶ時間を大切にし、人と協調することや人を尊重することを自然に学んでいけるとよいでしょう。公園などで知らない子と出会ったら、学習の1つとして、お子さまを遊ばせてみてください。そういった場は、お子さまが積極性や社会性を身に付ける機会となるでしょう。

【おすすめ問題集】
Ｊｒ・ウォッチャー29「行動観察」

問題27　分野：運動

集中

〈準備〉　ボール（３個）

〈問題〉　**この問題は絵を参考にしてください。**

①線のところまで、ケンパーで行ってください。線のところまで行ったら、今度はジグザグ歩きで次の線まで向かってください。
②線から、大きな的に向かってボールを３個投げてください。投げ終わったら、ボールを拾って片付けてください。
③スタートまで戻ります。線から、次の線まで両足とび１回でジャンプしてください。
④線から、スタートの線までワニ歩きで進んでください。
⑤ゴールしたら、列に並んで体育座りで待ちましょう。

〈時間〉　約15分

〈解答〉　省略

［2020年度出題］

学習のポイント

例年出題されている運動の課題です。指示がやや複雑です。指示をよく聞いてから行動しましょう。運動の出来が評価されるというよりは、指示をよく聞けているかどうかが観点になっているからです。こういった指示行動でよく見られるのは、周りの子に合わせてしまうということです。例えば、はじめに行うお子さまが間違って行うと、その後に行うお子さまもつられて同じ間違いをしてしまうケースがあります。指示をよく聞いておけば、周りに惑わされないで、自信を持って行動できるようになるでしょう。

【おすすめ問題集】
新運動テスト問題集、Ｊｒ・ウォッチャー28「運動」

問題28　分野：制作

創造　協調

〈準備〉　ハサミ、液体のり、セロハンテープ、透明なフタ（３～５個）
画用紙（Ａ３、さまざまな色を用意。白の画用紙１枚に問題28の絵のような線を書いておく）、ヒモ（10本）、紙コップ（５個）、ストロー（半分に切ったサイズ）など

〈問題〉　**この問題は絵を参考にしてください。**

①今からお面づくりを行います。
準備された道具を使って、お面の顔となる部分を作ってください。使わないものがあっても構いません。
②お面の顔となる部分を作り終えたら、白の画用紙を線に沿って切ってください。
③切った白い画用紙の真ん中を、お面の顔となる部分の裏に貼って、自分の頭の大きさに合わせてセロハンテープで留めたら完成です。

〈時間〉　適宜

〈解答〉　省略

［2020年度出題］

学習のポイント

本年度の制作の課題は、制作する過程に指示がないことが特徴です。この課題では、お面の顔となる部分はお子さまが自由に決めて作るところがそれにあたります。制作する時に使う道具は多数揃っていますが、わざわざすべて使おうとする必要はありません。お子さま自身の中で、道具の取捨選択をして、作業を進められるようにしましょう。ここでは作品の出来の良し悪しよりも、制作している過程をどう取り組んでいるかというお子さまの態度や姿勢が観られています。出来ないことにイライラしてしまったり、ほかのお友だちの邪魔をしてしまうといったことは評価が下がりますからやめましょう。

【おすすめ問題集】
　実践 ゆびさきトレーニング①②③、Ｊｒ・ウォッチャー23「切る・貼る・塗る」

2019年度以前の過去問題

問題29　分野：口頭試問　　話す

〈準 備〉　問題29のイラストを枠線で切り分け、カードにしておく。

〈問 題〉　①好きな動物を教えてください。どうして好きなのかも教えてください。
②（準備したすべてのカードを志願者の前に置き）
　この動物たちを仲間わけしてください。

〈時 間〉　適宜

〈解 答〉　省略

［2019年度出題］

学習のポイント

１日目の試験はすべて口頭試問形式で行われます。内容は年齢相応の知識（常識）や思考力を問うもの、情操面の発達を測るものなどバラエティに富んでいますが、観点は「聞かれたことに対して答える」という、ごく普通のコミュニケーションが取れるかどうかをチェクする程度のものです。当校入試は全体として、現時点の能力・知識というよりも、コミュニケーション能力や情操の発達がこれから先見込めること、つまり「のびしろ」があることを重視しています。ですから、ここで「クマがどのように暮らしているかわからない」からといって、即不合格ということにはなりません。しかし、指示されたことや質問の意味が理解できないとかなりの痛手になります。質問の内容がわからないからといって、無言にならず、「わからないのでもう一度教えてください」あるいは「できません」と言えるようにしてください。

【おすすめ問題集】
新口頭試問・個別テスト問題集、Ｊｒ・ウォッチャー11「いろいろな仲間」

問題30　分野：口頭試問　　観察　集中

〈準 備〉　積み木
※あらかじめ、問題30の左の四角のイラストの通りに組んでおく。

〈問 題〉　①（積み木を見せて）この積み木はいくつありますか。
②（問題30の右のイラストを見せて）
　この積み木はいくつありますか。

〈時 間〉　２分

〈解 答〉　①９個　②８個

［2019年度出題］

学習のポイント

オーソドックスな積み木の数を数える問題です。注意するのは見えない積み木を数える時だけでしょう。お子さまが難しいと感じている場合は、見えるようにしてあげましょう。推測するのではなく、実際の積み木で見せてあげるのです。紙の上の積み木は動かすことはできませんが、積み木は動かすことができます。じゃまな積み木を動かして、推測していた数と合っているかを確認しましょう。実際に手を動かすことで、自然と頭の中でその作業ができるようになっていきます。そうすれば、動かすことができない紙の上の積み木もやがては（頭の中で）動かせるようになります。

【おすすめ問題集】
新口頭試問・個別テスト問題集、Ｊｒ・ウォッチャー16「積み木」、
53「四方からの観察 - 積み木編 - 」

問題31　分野：口頭試問

聞く　集中

〈準 備〉　食べ物のおもちゃ（お寿司、メロン、リンゴ、イチゴ、ドーナツなど、適宜）
※口頭試問のテーブルとは別のテーブルの席にランダムに置いておく。

〈問 題〉　この問題の絵はありません。
①好きな食べ物をあちらのテーブルから１つ持ってきてください。
②どうしてこれが好きなのですか。教えてください。

〈時 間〉　適宜

〈解 答〉　省略

［2019年度出題］

学習のポイント

特に難しい課題ではありませんから、指示を理解してその通りに行動すれば問題ありません。素直に好きな食べ物を選び、理由を答えてよいと思います。前述したとおり、ここではコミュニケーションが取れるかを評価しているだけですから、指示の内容が理解できることを示せればそれで良いのです。保護者の方は、お子さまにあまり馴れ馴れしいのはいけないが、会話ができないほど緊張してはいけない、とあらかじめ言っておきましょう。これも繰り返しになりますが、当校の入試は能力や知識を測るものではありません。保護者の方は、入試当日にお子さまが緊張しないようなムードを作り、伸び伸びと個性を表現できるようにしてあげましょう。

【おすすめ問題集】
新口頭試問・個別テスト問題集、Ｊｒ・ウォッチャー29「行動観察」

問題32　分野：お話作り

創造　語彙　話す

〈準 備〉　※あらかじめ問題32のイラストを２つに切り分けておく。

〈問 題〉　**この問題の絵は縦に使用してください。**
（問題32の絵を見せる）
２枚の絵を使ってお話を作ってください。作ったら、私（出題者）に教えてください。

〈時 間〉　５分

〈解 答〉　省略

［2019年度出題］

学習のポイント

絵を見て自由に想像を膨らませ、お話を作りましょう。ふだんからお子さまの空想のお話を聞き、さまざまな質問をしてお話を広げてあげてください。空想が苦手なお子さまには、空想のきっかけとなるような言葉をかけてあげるようにしましょう。入試までにお子さまの話が人に伝わるような表現なっていれば問題ありません。人に理解してもらうようなお話を作ることについての注意点は多いですが、当校入試では「誰が」「～した」ということさえわか、年齢相応の表現でお話ができればかまわないでしょう。ストーリー展開や話の面白さを期待されているわけではありません。とは言え、単に「わかってもらう」という表現でさえ、読み聞かせやお話語りを通じ、さまざまな言葉や表現に接していないと入試という場ではなかなかふだん通りにはできないものです。入試で出題されないからと言ってそういった学習は怠らないほうがよいでしょう。

【おすすめ問題集】
新口頭試問・個別テスト問題集、Ｊｒ・ウォッチャー21「お話作り」

問題33　分野：口頭試問・常識（仲間わけ）

集中　観察

〈準 備〉　なし

〈問 題〉　絵の中から、仲間はずれのものを選んでください。
選んだら、なぜ仲間はずれだと思ったのか教えてください。

〈時 間〉　各10秒

〈解 答〉　省略

［2018年度出題］

学習のポイント

常識分野の問題です。年齢相応の知識が身に付いていれば、答えを選ぶことは難しくありません。本問では、仲間はずれを見つけるだけでなく、その理由について、きちんと説明できるかが観られています。理科的知識や生活体験などから、そのものがどのような性質や用途を持っているかを言葉で説明できるようになると、知識はより深く定着します。お子さまが知らないものと初めて出会った時は、「これは何だと思う？」などといった声掛けをして、お子さまが興味を持てるように促してください。お子さまの予想が間違っていた時もすぐ否定せずに、「どうしてそう思ったの？」と考えを話させることで、自分の気持ちや考えを説明する練習になります。その上で、そのものについて教えてあげれば、知識はずっと身に付きやすくなります。

【おすすめ問題集】
新口頭試問・個別テスト問題集、新ノンペーパーテスト問題集、
Ｊｒ・ウォッチャー11「いろいろな仲間」

問題34 分野：口頭試問・比較

集中 観察

〈準備〉 なし

〈問題〉 絵の中から、２番目に大きい△を選んでください。

〈時間〉 20秒

〈解答〉 下段右端

［2018年度出題］

学習のポイント

三角形の大きさを比べる問題です。問題の絵を一見して、すぐに答えを出せれば特に難しい問題ではありません。見ただけですぐに形の大小がわかる感覚が観られていると思ってください。お子さまが間違えるのであれば、全体の中から２つを選んで、より大きい方を見つけるという作業を繰り返し、大きいものから順番を付けていくという方法があります。慣れるまでは時間がかかりますが、類題を繰り返しこなすことで、理解できるようになります。

【おすすめ問題集】
新口頭試問・個別テスト問題集、新ノンペーパーテスト問題集、
Ｊｒ・ウォッチャー４「同図形探し」、15「比較」、58「比較②」

問題35　分野：口頭試問・比較

集中　観察

〈準　備〉　タッパー、ヒモ（長さの異なるものを３本）、棒（長さの異なるものを５本）

〈問　題〉　**この問題は絵を参考にしてください。**
①１番長いヒモはどれでしょう。選んでください。
②３番目に長い棒はどれでしょう。選んでください。

〈時　間〉　各20秒

〈解　答〉　①左端　②左から２番目

［2018年度出題］

学習のポイント

①はヒモ、②は棒の長さを比較する問題です。解き方としては、前問と同じく、２本ずつ比べて頭の中で長い順／短い順に並べなおすという方法があります。また①に関しては、曲がり巻きの数・大きさをみることで長い／短いの見当をつけることができます。①、②どちらも、類題を繰り返すことで感覚的に「長い／短い」を見極められるようになります。実際の入試と同じように、異なる長さのヒモや棒を複数用意し、端をそろえて伸ばすなど手に取って動かしてみましょう。思っていたのと異なる結果になった場合の驚きなど、経験を積むことで感覚が養われていきます。

【おすすめ問題集】
新口頭試問・個別テスト問題集、新ノンペーパーテスト問題集、
Ｊｒ・ウォッチャー15「比較」、58「比較②」

問題36　分野：口頭試問・図形（欠所補完）

集中　観察

〈準　備〉　なし

〈問　題〉　上の段の絵を見てください。下半分が隠れています。隠れている部分はどんな絵になっているか、下の段から選んでください。

〈時　間〉　各30秒

〈解　答〉　①左下　②右上

［2018年度出題］

学習のポイント

欠けたイラストを補うものを選択肢の中から選ぶ形式の問題です。欠所補完の問題は、本問のように図形分野のパズルの１つとして出題される場合や、生活用品や生き物のイラストの一部を補完する常識分野の問題として出題されることもあります。どちらの場合も、「隠れている部分を全体から類推する」、「細かな部分から全体の姿を想像する」などの方法があります。練習する中で、お子さまにあったやり方を見つけてください。本問では、図形を形作っている辺や頂点が、点線の上下でつながるかどうかが正解のポイントとなるでしょう。お子さまがこうした問題を苦手としているならば、ジグソーパズルのような遊びで練習を重ねると良いでしょう。その際、ピース１つひとつの場所や形だけにとらわれず、全体像からそのピースがどこに当たるかを想像するやり方を試しみましょう。

【おすすめ問題集】

新口頭試問・個別テスト問題集、新ノンペーパーテスト問題集、
Ｊｒ・ウォッチャー59「欠所補完」

問題37　分野：口頭試問・お話づくり

集中　創造

〈準　備〉　なし

〈問　題〉　（問題37の絵を見せ）
この２枚の絵を見て、お話を作ってください。

〈時　間〉　約10分

〈解　答〉　省略

［2018年度出題］

学習のポイント

お話づくりの問題です。絵に描いてあるものと自分の経験や知識を重ね、連想することでお話を作っていきます。例えば、「鳥」「木」「雨」という３枚の絵があれば、「鳥が飛んでいる時に、雨が降ってきて、雨宿りするために木に止まった」というお話を作ります。そこには「鳥が飛ぶものである」とか「木の下にいれば雨に濡れない」という知識や経験があるということでしょう。こういった知識や経験は実際の経験でなくてもかまいません。読み聞かせや映像などから知識を得ても良いでしょう。

【おすすめ問題集】

１話５分の読み聞かせお話集①②、Ｊｒ・ウォッチャー21「お話作り」

問題38　分野：行動観察

協調 創造

〈準備〉　音楽再生機器

〈問題〉　**この問題の絵はありません。**
①（音楽を流し）先生と同じように、音楽に合わせて踊ってください。
②グループのお友だちと話し合って、途中の振り付けを考えてください。振り付けができたら、みんなの前で発表してください。他の人が発表しているときは、応援して拍手しましょう。

〈時間〉　15分程度

〈解答〉　省略

［2018年度出題］

学習のポイント

6～8人で1グループとなり、最初は出題者の振りを真似して踊り、曲のサビの部分の振りはグループで話し合って決めるという問題です。指示を最後まで聞いて理解できるかと、お友だちとのコミュニケーションが図れるかが観られています。また、他のグループの発表の際、隣のお友だちとおしゃべりなどせずに見学・応援できるかという点も観られます。グループ内の人数が多くなると、意見を言えず話し合いに参加できないお子さまも出てきがちです。そういったお友だちに目を向け、「どうしたい」と問いかけて話し合いに参加を促すような気遣いができれば、入試対策のみならず、今後の小学校入学以降の生活でも大変役立ちます。

【おすすめ問題集】
新運動テスト問題集、Ｊｒ・ウォッチャー28「運動」

問題39　分野：口頭試問・お話づくり

観察 考え

〈準備〉　あらかじめ、問題39の絵を太い線に沿って切り離し、カードにしておく。

〈問題〉　**この問題の絵は縦に使用してください。**
今からカードを見せます。その絵を見てお話を作り、話してください。
（左上のマークが同じ2枚のカードを見せる。それぞれのマークのセットごとに、合計3回行う）

〈時間〉　適宜

〈解答〉　省略

［2017年度出題］

学習のポイント

まったく関係のない２枚の絵をつなげる問題ですから、お子さまの発想力が試されます。あまり荒唐無稽なお話にしないために、前後関係などを考えながらお話を作る必要があります。こうしたお話づくりのコツをつかむためには、日ごろの読み聞かせが良い練習になるでしょう。さまざまなお話に触れることにより、お話のパターンというものがお子さまの頭の中にできあがります。パターンを覚えたら、今度はそれに当てはめてお話を作る練習をしましょう。初めのうちは読み聞かせの途中に、登場人物や出来事について「このあと何をすると思う？」「このお話はどうなるかな？」と言った質問をすることで、想像力を働かせる練習になります。慣れてきたら、この問題のようにいくつかの絵やカードを使って、短いお話を作る練習につなげていきましょう。また、絵を使わずに、言葉だけを聞いてお話作りをする練習を合わせて行うこともおすすめします。

【おすすめ問題集】

１話５分の読み聞かせお話集①②、Ｊｒ・ウォッチャー21「お話作り」

問題40　分野：口頭試問・数量（数を分ける）　観察　考え

〈準　備〉　紙コップ（４つ）、鉛筆（16本）

〈問　題〉　**この問題の絵はありません。**
（あらかじめ、準備した紙コップと鉛筆を並べておく）
ここに鉛筆があります。この鉛筆を、全ての紙コップに同じ本数ずつ分けて入れてください。

〈時　間〉　20秒

〈解　答〉　紙コップ１つにつき４本の鉛筆が入る

［2017年度出題］

学習のポイント

鉛筆も紙コップも実物が用意されていますから、１本ずつ分けて入れていけば問題ありません。日常生活の中でも、人数分のお皿の上にお菓子を並べるなどのお手伝いの中で練習できます。簡単な問題ですが、口頭試問の問題では、答えが正しいかどうかだけでなく、問題に取り組む姿勢や、指示を聞く態度なども観点に加わります。問題が簡単だからといっていい加減な態度で取り組むのは良くありません。むしろ、簡単な問題だからこそ集中して取り組み、思わぬ間違いや指示の聞き逃しがないよう注意しましょう。

【おすすめ問題集】

新口頭試問・個別テスト問題集、新ノンペーパーテスト問題集
Ｊｒ・ウォッチャー40「数を分ける」

桐朋小学校　専用注文書

年　　月　　日

合格のための問題集ベスト・セレクション

＊入試頻出分野ベスト３

1st 図形	2nd 推理	3rd 行動観察
聞く力　思考力	聞く力　思考力	聞く力　協調性

入試は口頭試問・行動観察・制作の３つの形式で行われます。口頭試問は、その年によって出題される分野が違います。どの分野が出ても対応できるようにさまざまな分野の学習をする必要があります。

分野	書　名	価格(税抜)	注文	分野	書　名	価格(税抜)	注文
図形	Ｊｒ・ウォッチャー3「パズル」	1,500円	冊		実践 ゆびさきトレーニング①②③	2,500円	各　冊
図形	Ｊｒ・ウォッチャー4「同図形探し」	1,500円	冊		新 個別テスト・口頭試問問題集	2,500円	冊
図形	Ｊｒ・ウォッチャー9「合成」	1,500円	冊		新 運動テスト問題集	2,200円	冊
常識	Ｊｒ・ウォッチャー11「いろいろな仲間」	1,500円	冊				
推理	Ｊｒ・ウォッチャー15「比較」	1,500円	冊				
数量	Ｊｒ・ウォッチャー16「積み木」	1,500円	冊				
想像	Ｊｒ・ウォッチャー21「お話作り」	1,500円	冊				
巧緻性	Ｊｒ・ウォッチャー23「切る・貼る・塗る」	1,500円	冊				
運動	Ｊｒ・ウォッチャー28「運動」	1,500円	冊				
行動観察	Ｊｒ・ウォッチャー29「行動観察」	1,500円	冊				
数量	Ｊｒ・ウォッチャー40「数を分ける」	1,500円	冊				
図形	Ｊｒ・ウォッチャー53「四方からの観察　積み木編」	1,500円	冊				
推理	Ｊｒ・ウォッチャー58「比較②」	1,500円	冊				
推理	Ｊｒ・ウォッチャー59「欠所補完」	1,500円	冊				

合計	冊	円

（フリガナ） 氏　名	電　話 ＦＡＸ E-mail
住 所　〒　　　－	以前にご注文されたことはございますか。 有　・　無

★お近くの書店、または記載の電話・FAX・ホームページにてご注文をお受けしております。
電話：03-5261-8951　FAX：03-5261-8953　代金は書籍合計金額＋送料がかかります。
※なお、落丁・乱丁以外の理由による商品の返品・交換には応じかねます。
★ご記入頂いた個人に関する情報は、当社にて厳重に管理致します。なお、ご購入の商品発送の他に、当社発行の書籍案内、書籍に関する調査に使用させて頂く場合がございますので、予めご了承ください。

日本学習図書株式会社
http://www.nichigaku.jp

①

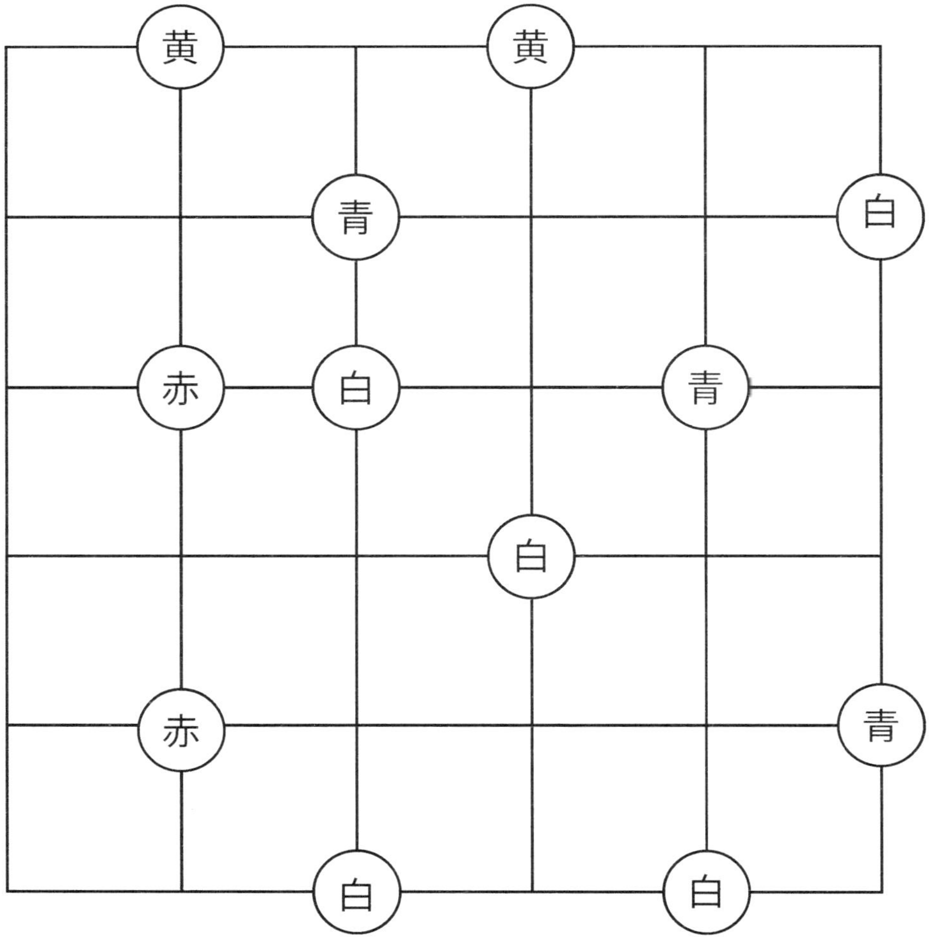

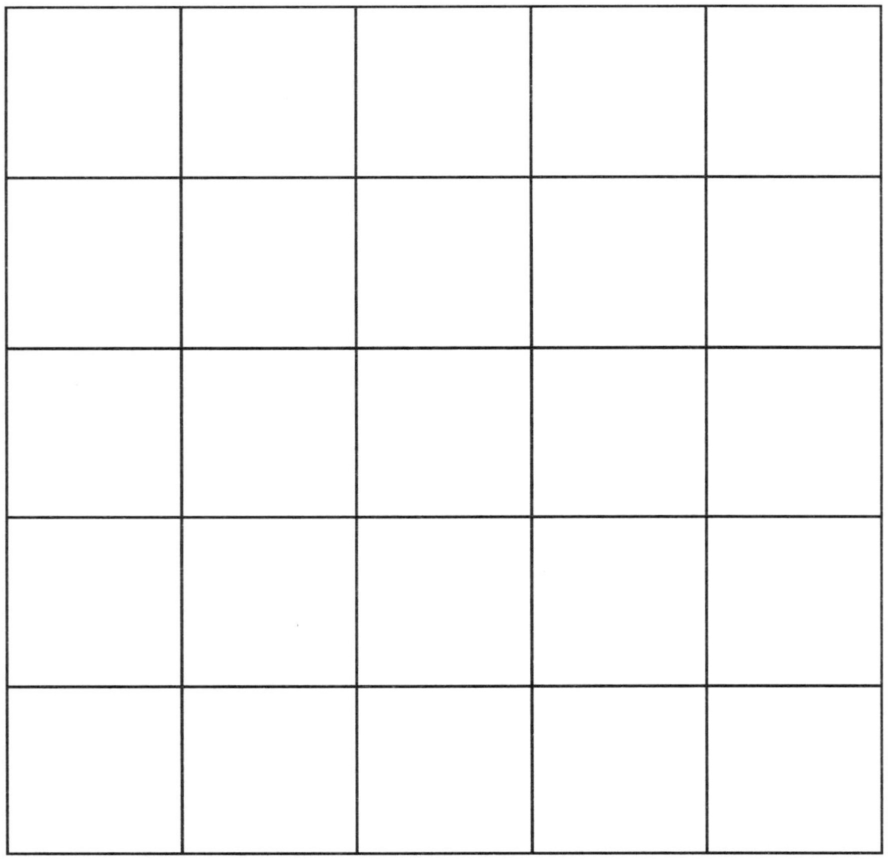

問題1－2

②

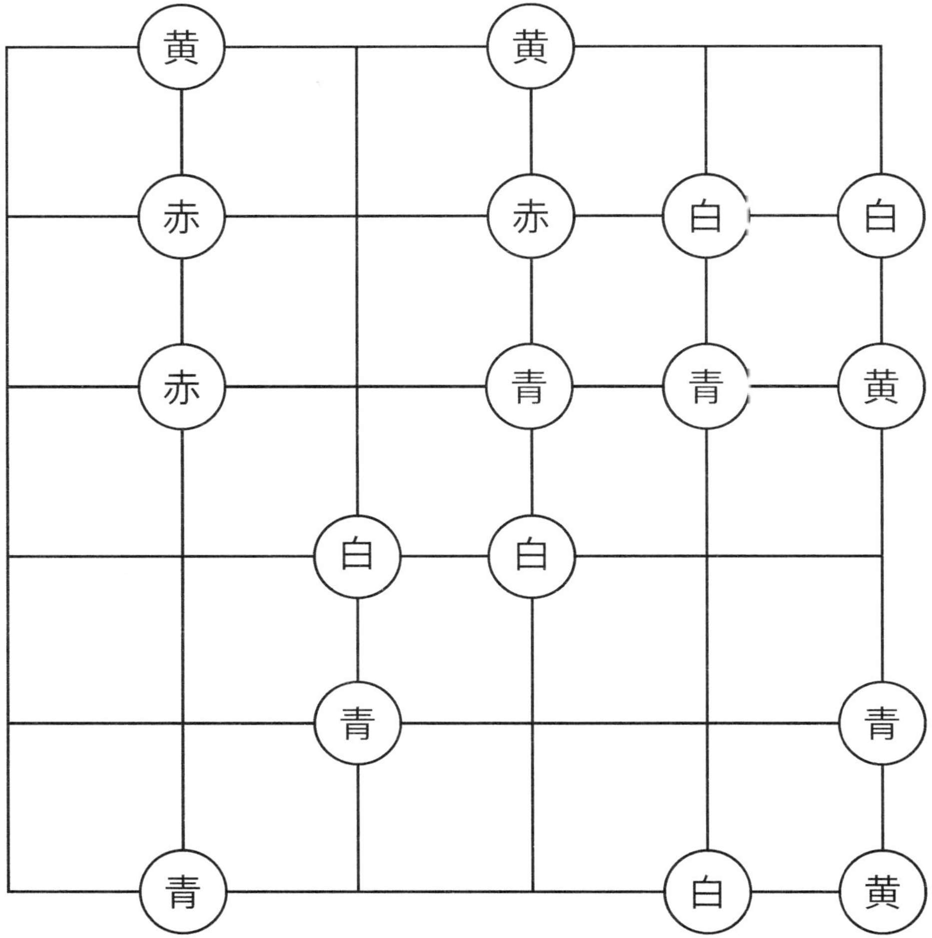

③

日本学習図書株式会社

問題２－１

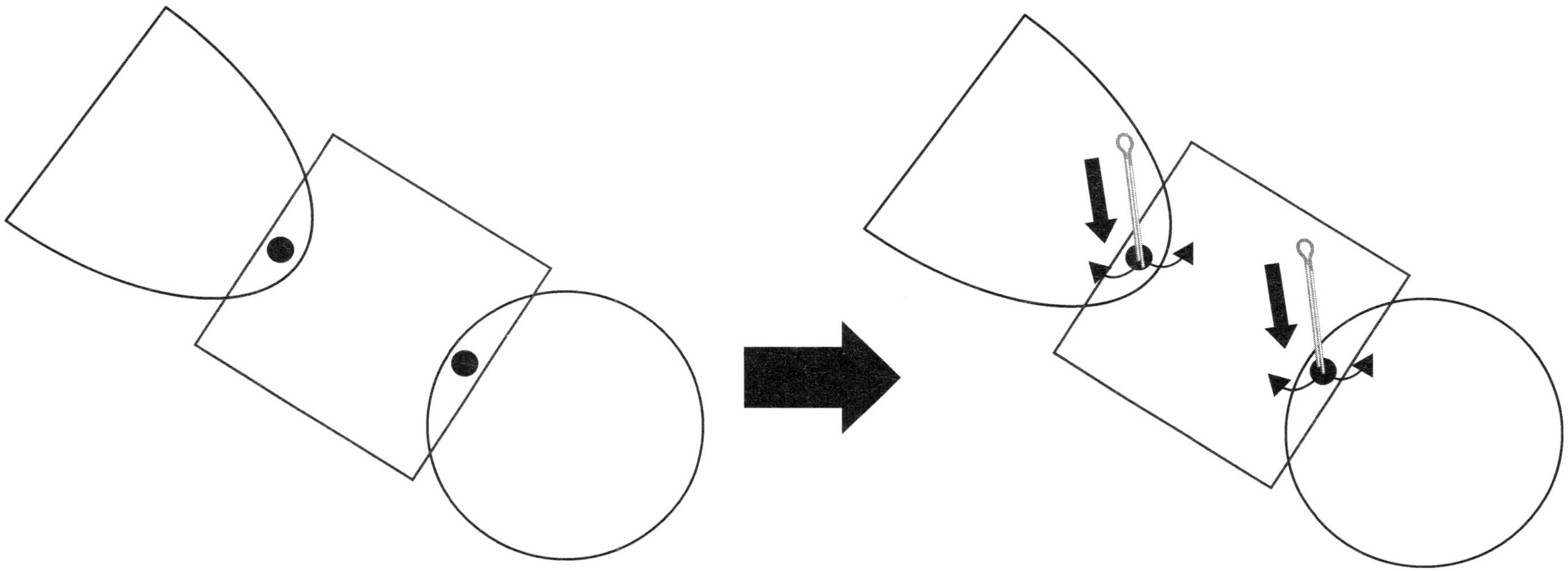

①問題２-２で切り取った紙のパーツを
合わせて、穴あけパンチで穴を開ける。

② ①で開けた穴に割りピンを刺し、折り曲げて留めます。

☆桐朋学園小学校

2021年度版 桐朋学園・桐朋小 過去 無断複製／転載を禁ずる 日本学習図書株式会社

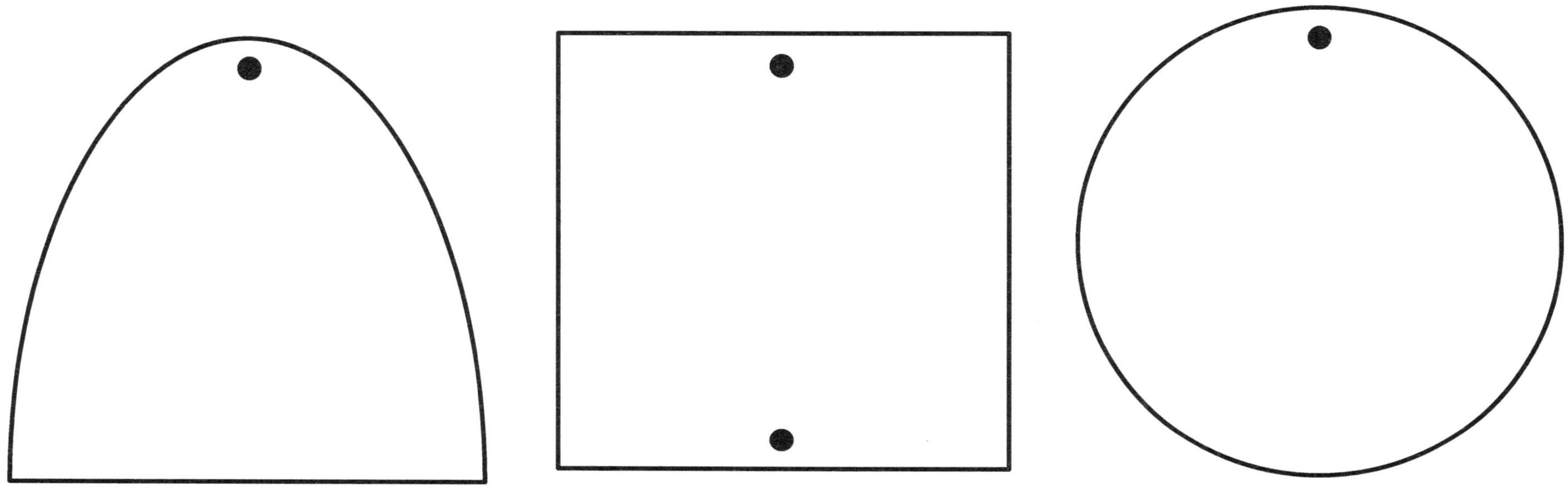

☆桐朋学園小学校

問題4

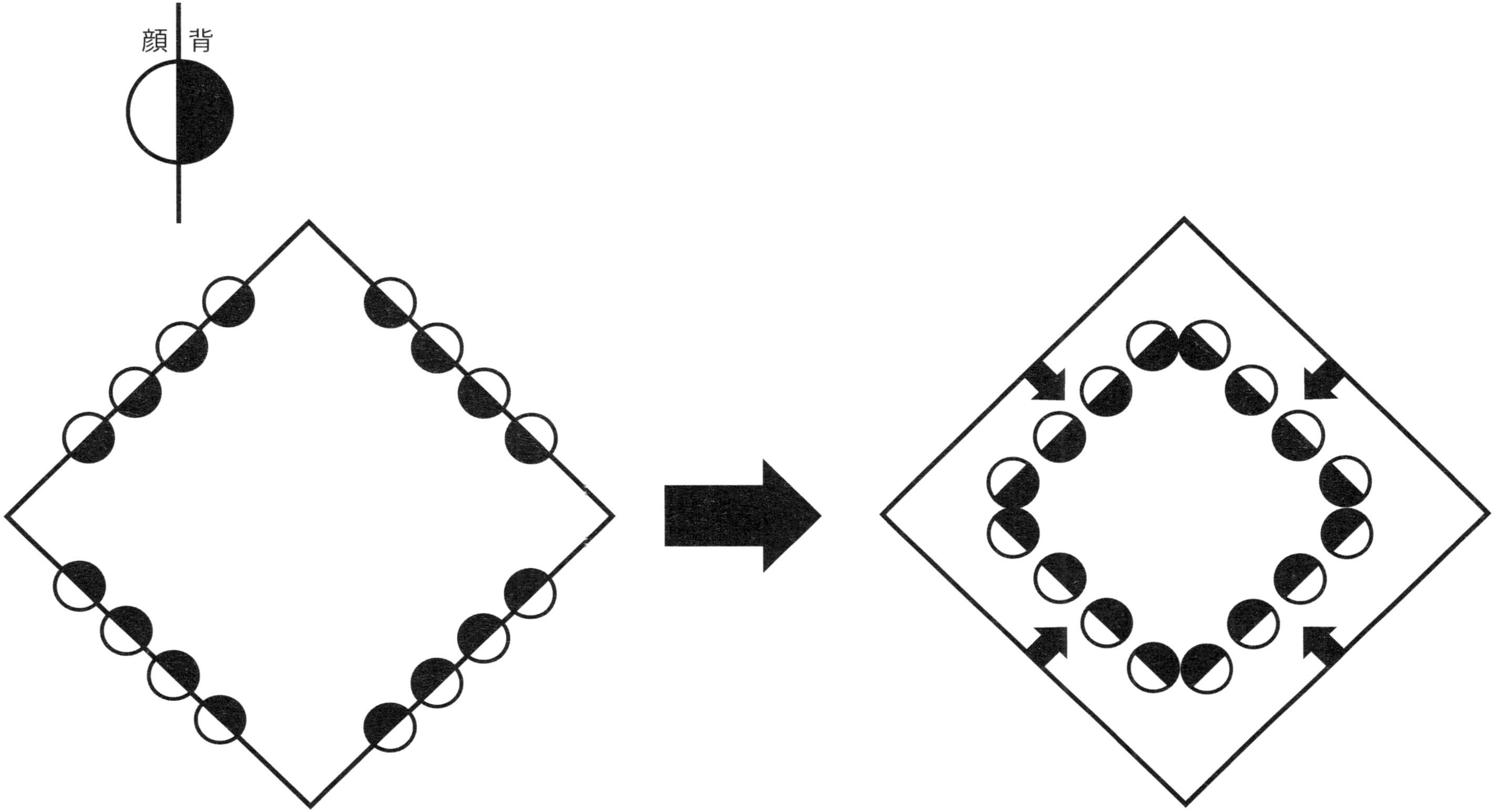

①線の上に立ちます。

②先生が歌ったら、みんなで歌い、
後ろ歩きで下がります。
そして、先生が体の部分を言うので、
その体の部分を近くのお友だちとくっつけます。

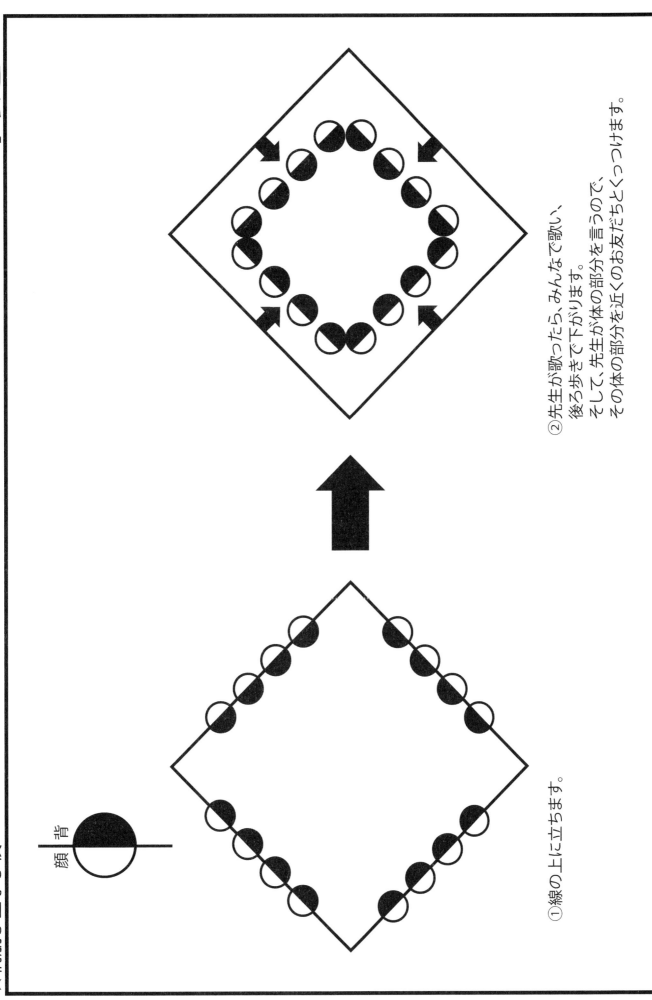

問題 5

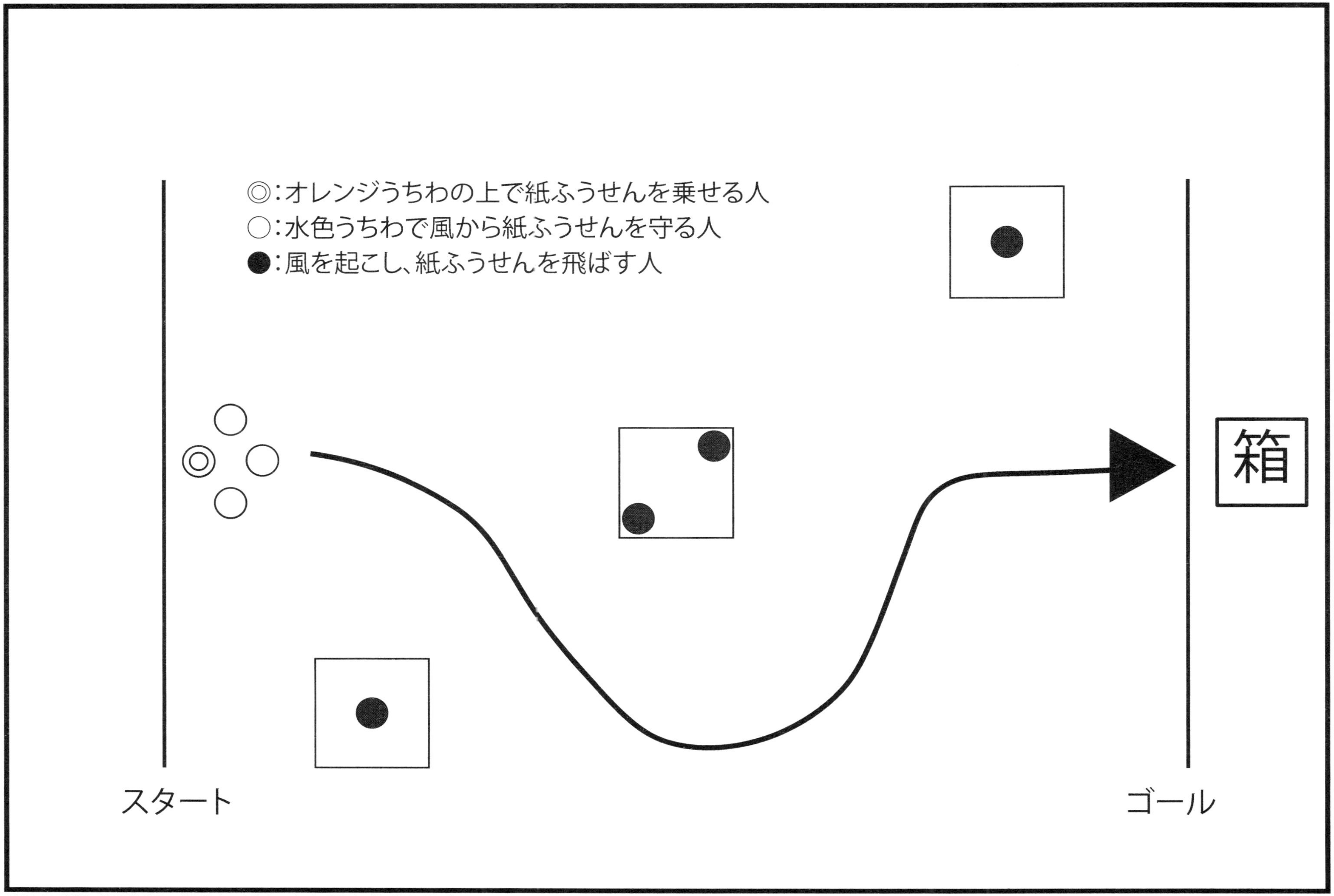
◎：オレンジうちわの上で紙ふうせんを乗せる人
○：水色うちわで風から紙ふうせんを守る人
●：風を起こし、紙ふうせんを飛ばす人
スタート
ゴール
箱

問題6

①点線部分をハサミできる。

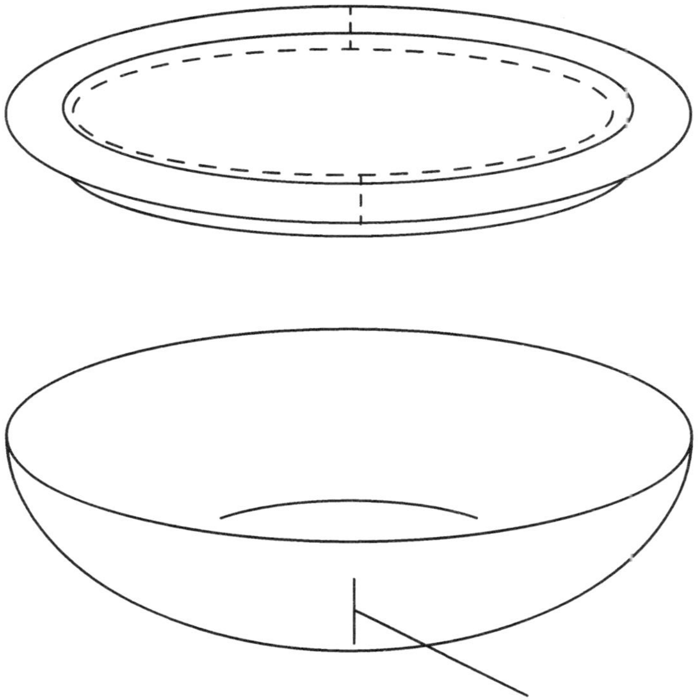

切り込みをあらかじめ入れておく。

②①作ったものを組み合わせる

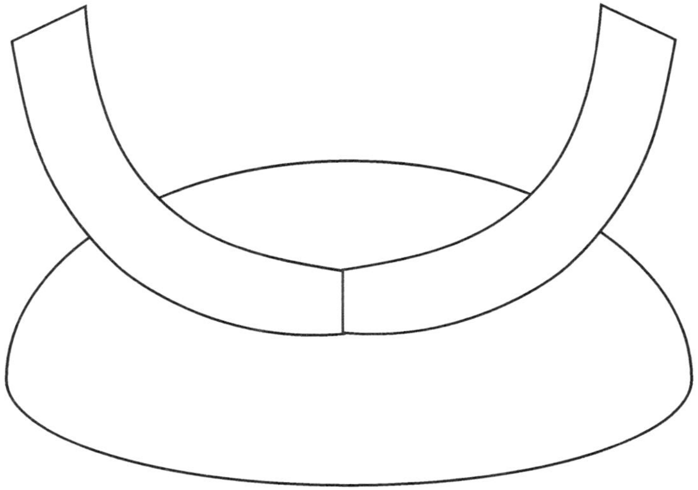

③②にクレヨンなどで絵を描く。
またはモールなど飾り付ける。

問題7

①

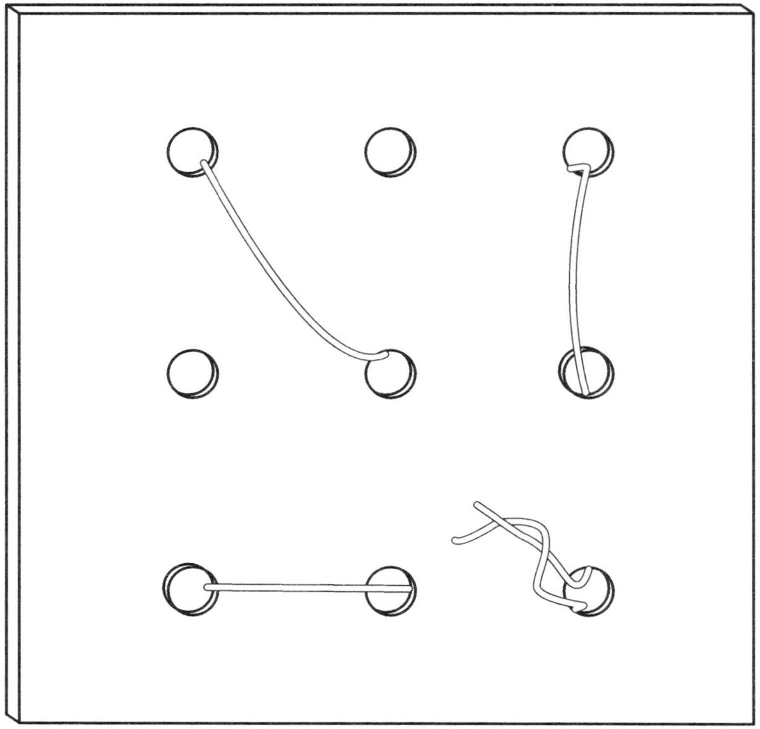

②

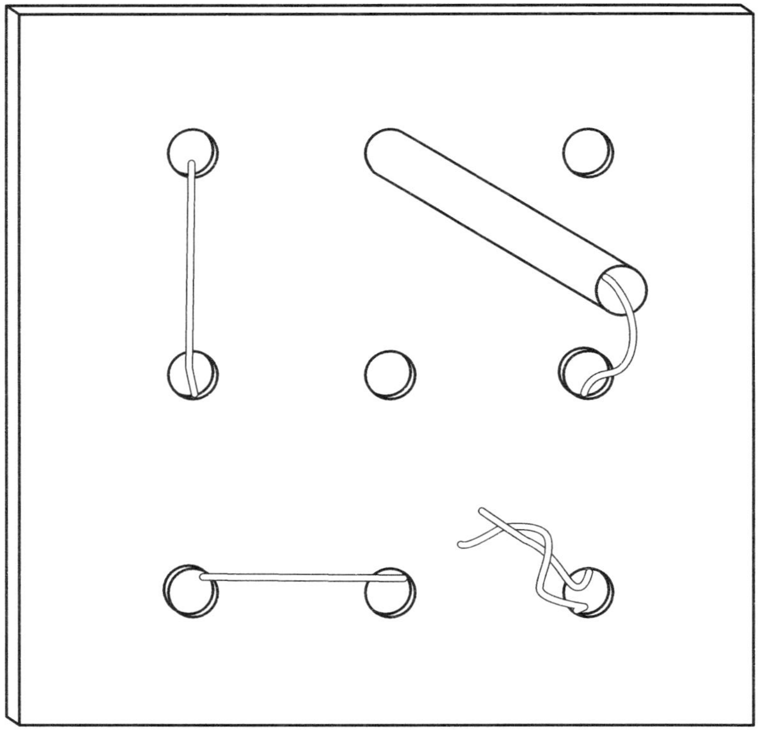

問題１０

①「旗」を爪楊枝と色画用紙で作る。

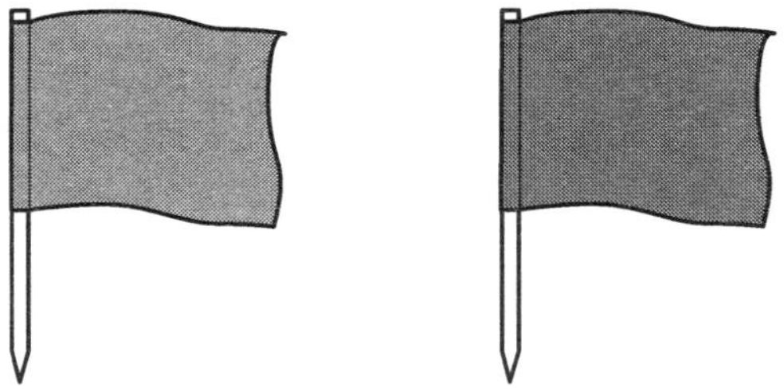

②16ヶ所の穴が開いた板を用意する

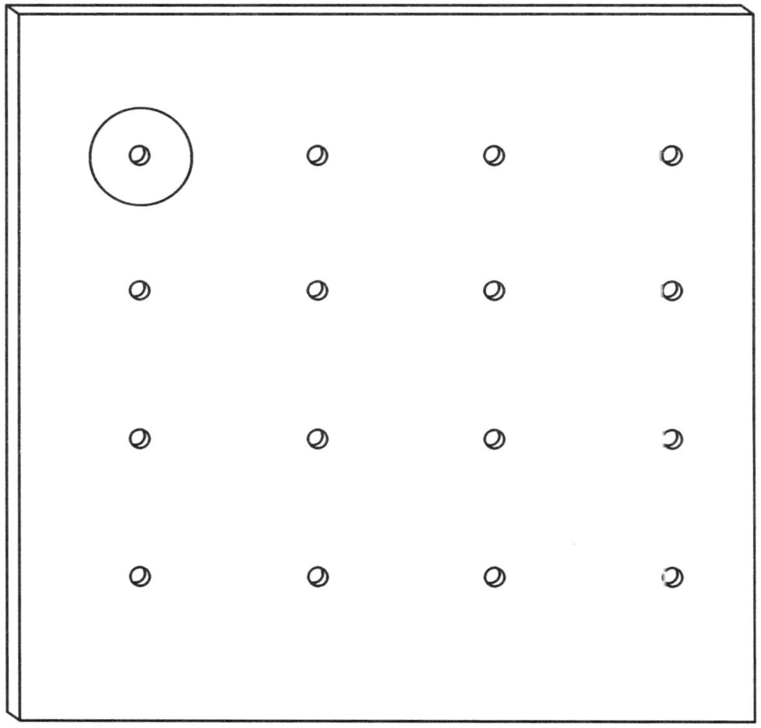

③矢印が書いてある紙を用意する。

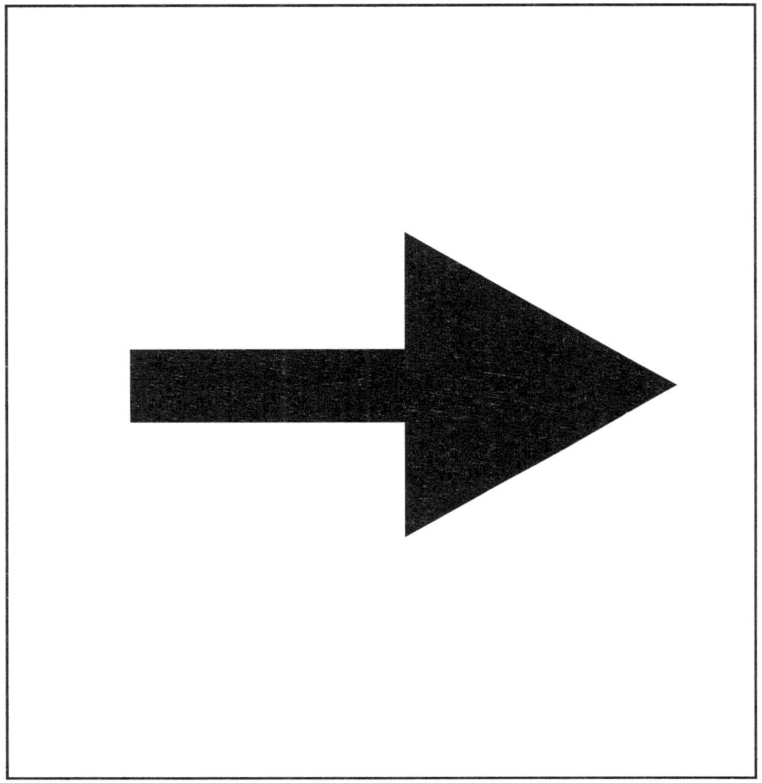

問題１１－１

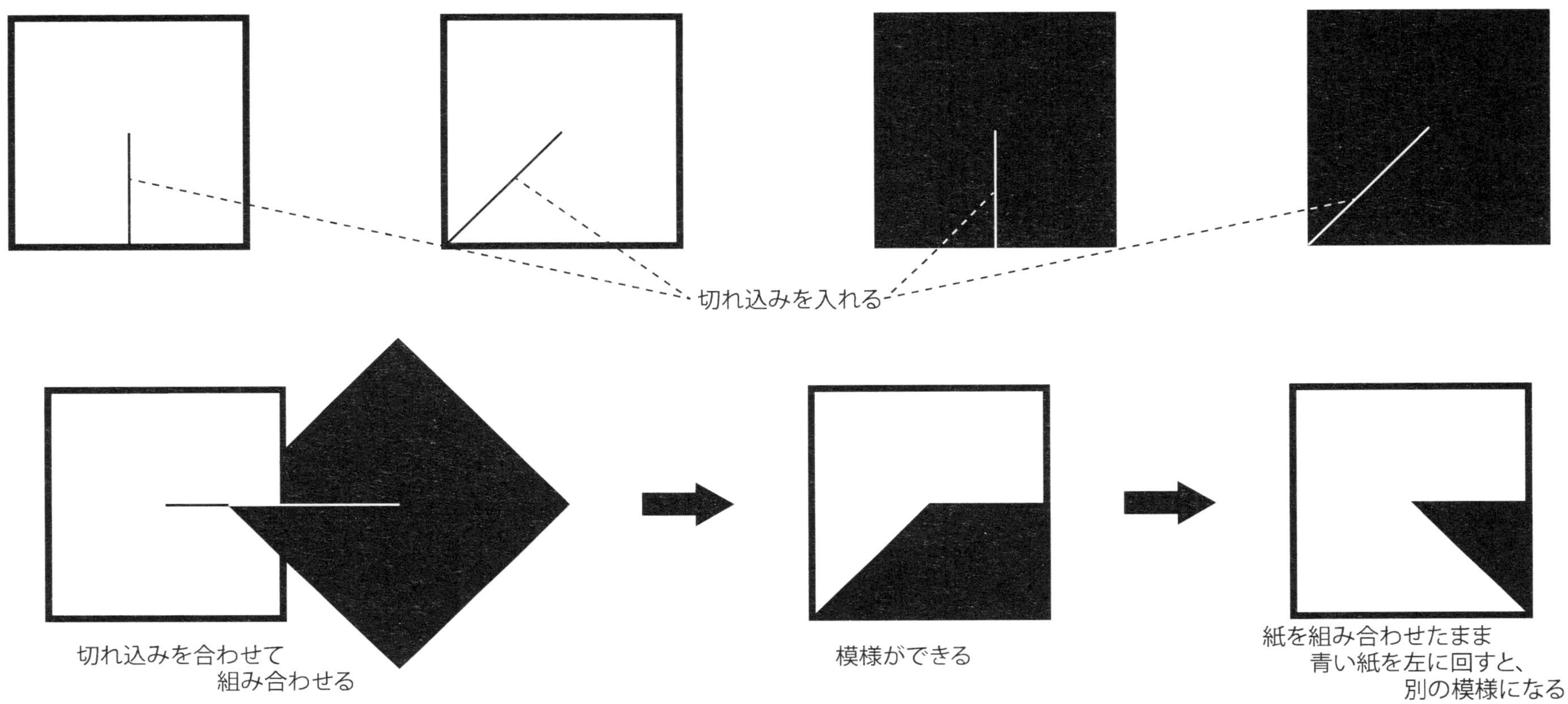
切れ込みを入れる
切れ込みを合わせて
組み合わせる
模様ができる
紙を組み合わせたまま
青い紙を左に回すと、
別の模様になる

①

①

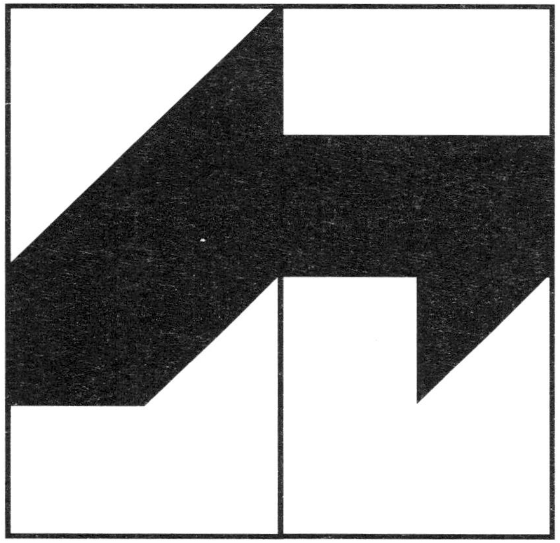

②

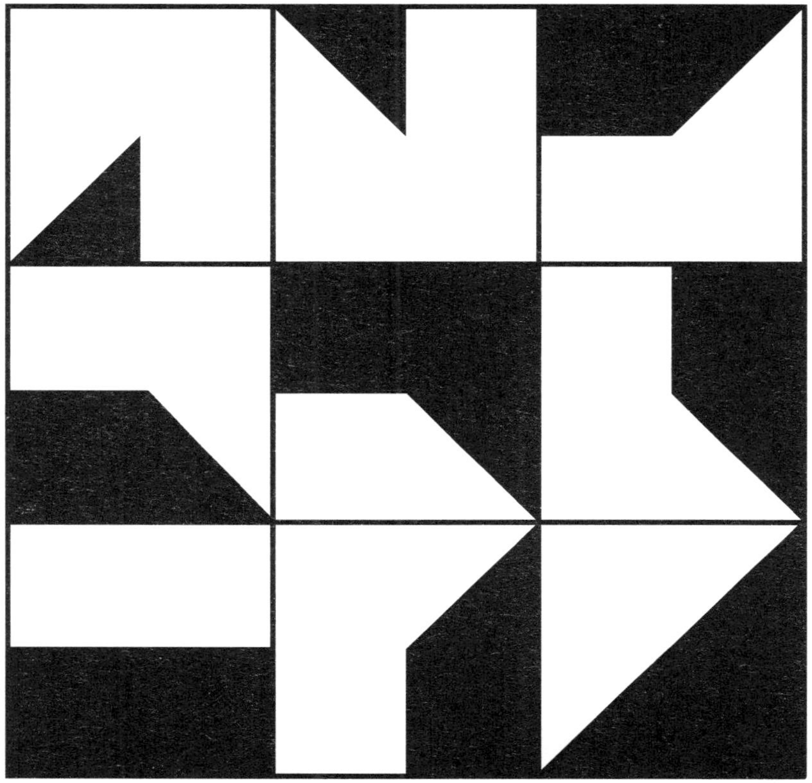

問題１２

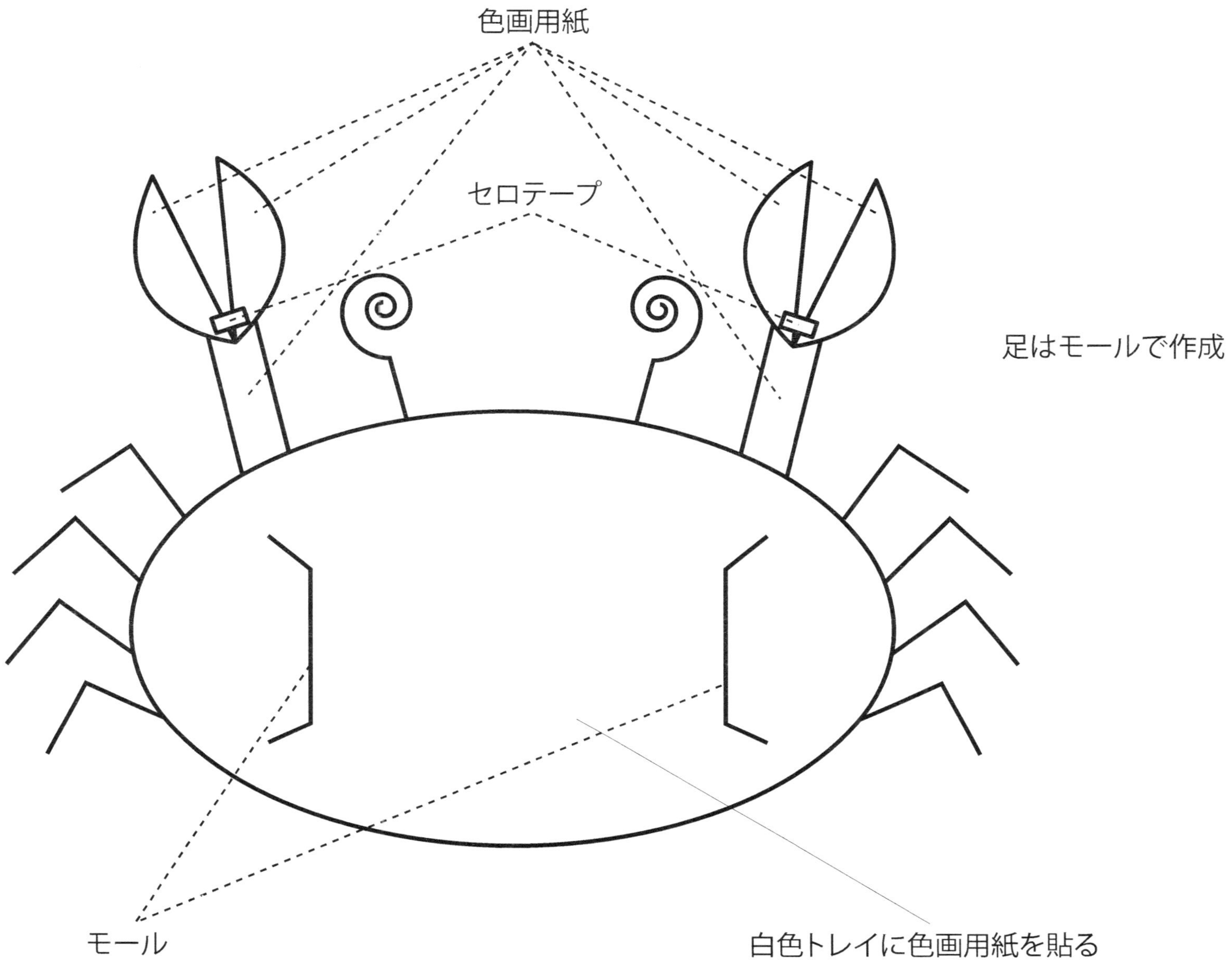
色画用紙
セロテープ
足はモールで作成
モール
白色トレイに色画用紙を貼る

問題１４

・ジャンケンをする。勝った方は後ろの子に帽子を渡して交代
・ジャンケンに２勝した方が、テーブルの「ごちそう」をもらえる
・ジャンケンが終わったら、それぞれ自分のチームに戻り、
２人組の相手を変えて並びなおす

問題 16－1

☆桐朋学園小学校

日本学習図書株式会社

2021年度版 桐朋学園・桐朋小 過去 無断複製／転載を禁ずる

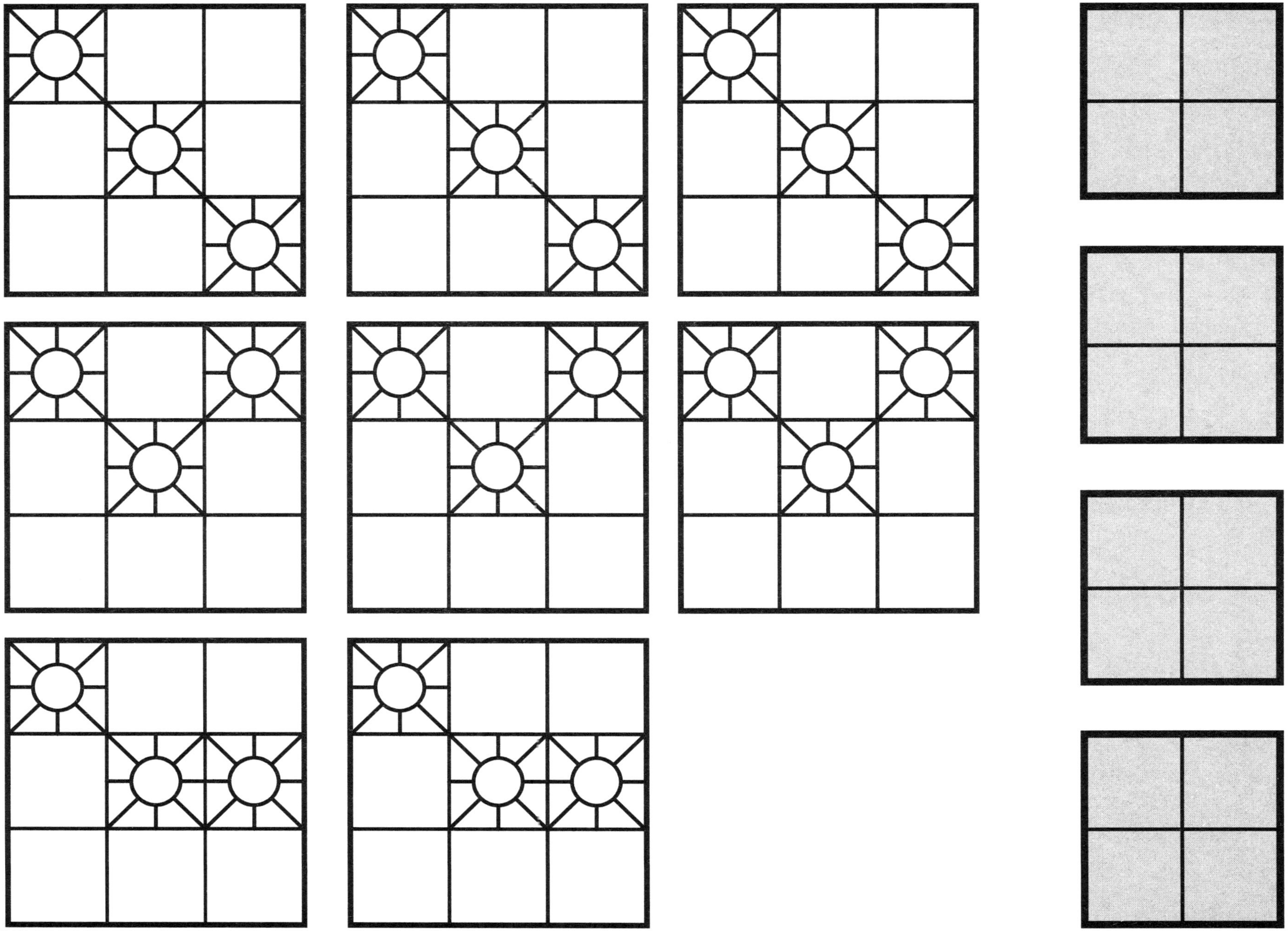

☆桐朋学園小学校

2021年度版 桐朋学園・桐朋小 過去 無断複製／転載を禁ずる 日本学習図書株式会社

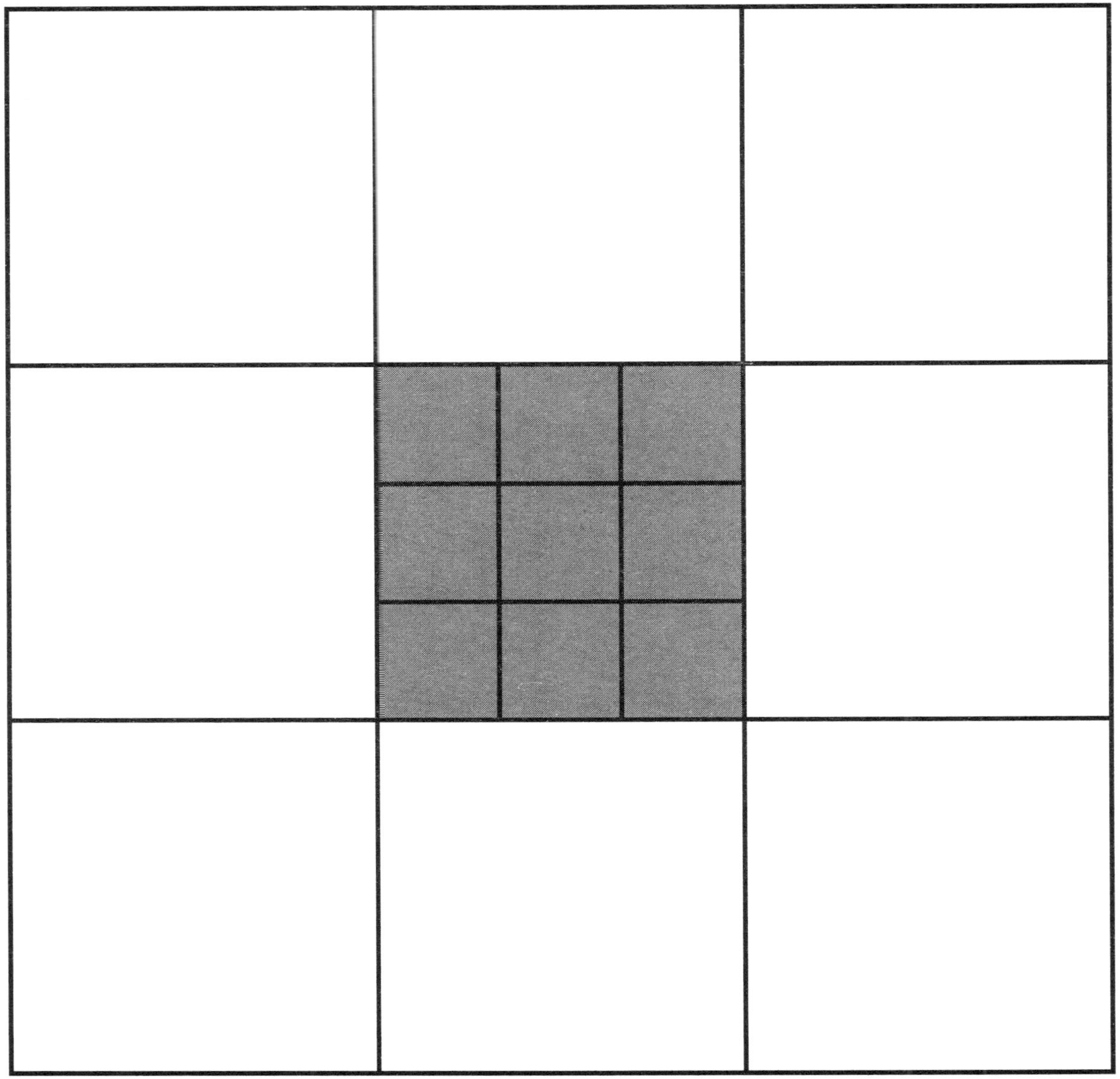

問題17

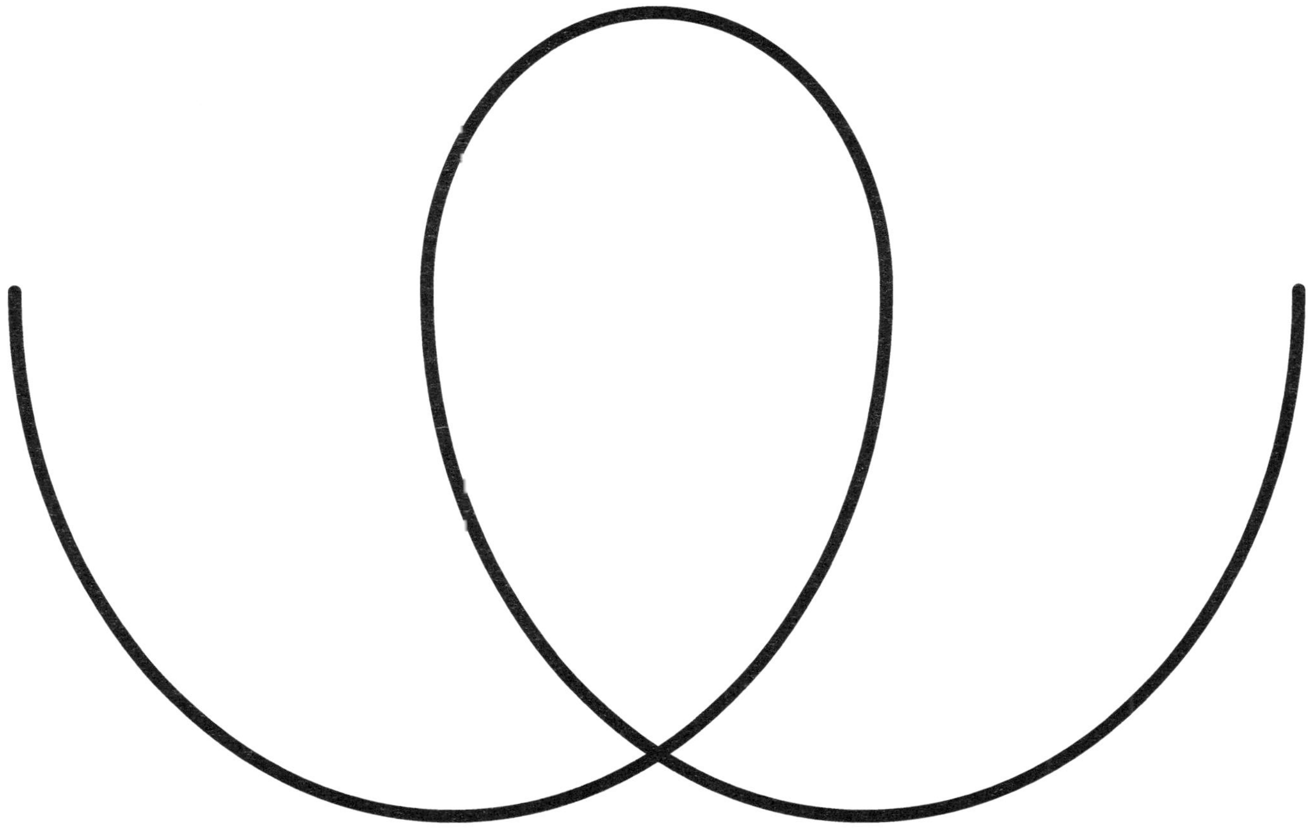

問題１８

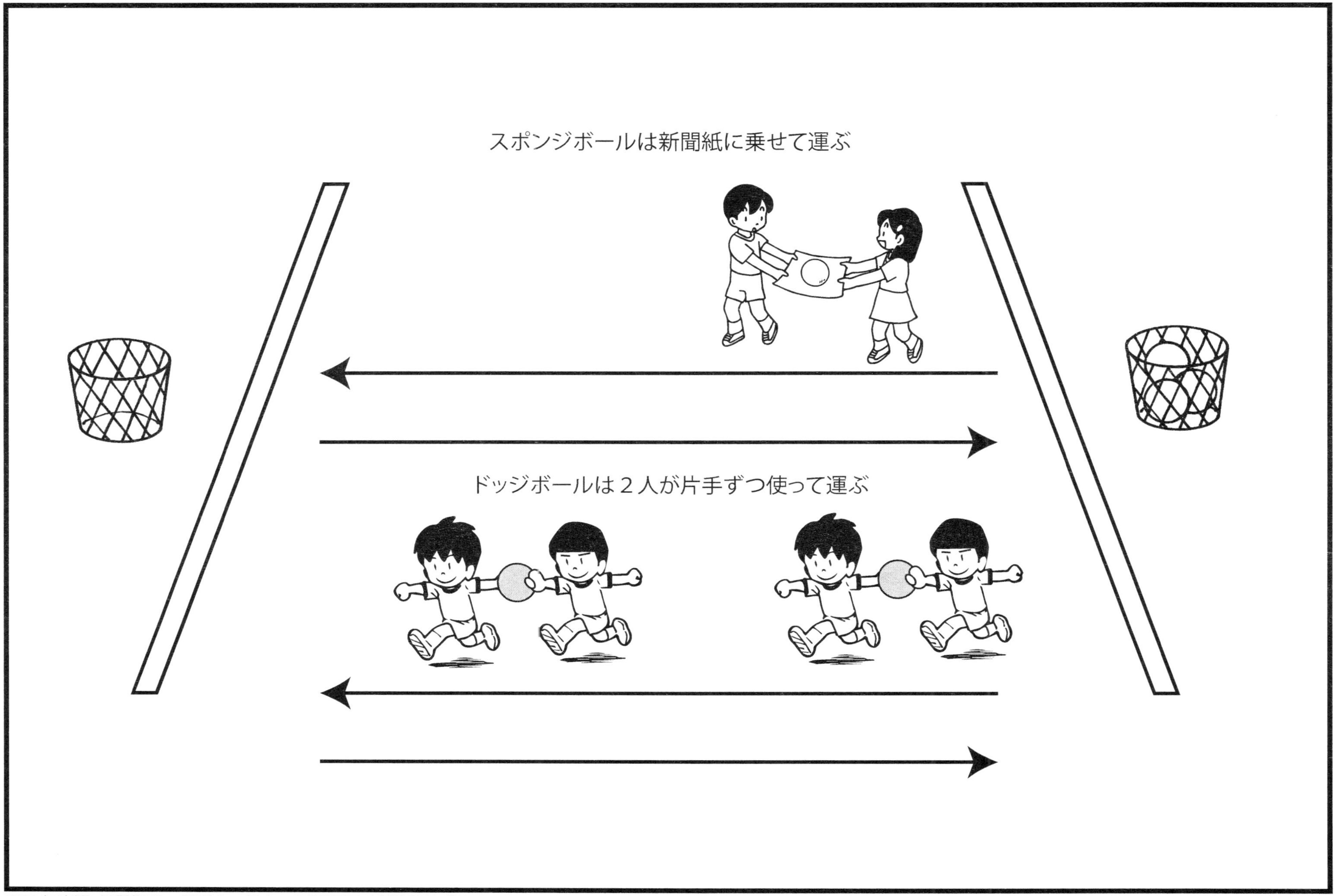
スポンジボールは新聞紙に乗せて運ぶ
ドッジボールは２人が片手ずつ使って運ぶ

問題１９

最初は絵を伏せておく。

完成するとこのような絵になるように、
左の箱の側面に絵を描いておく。

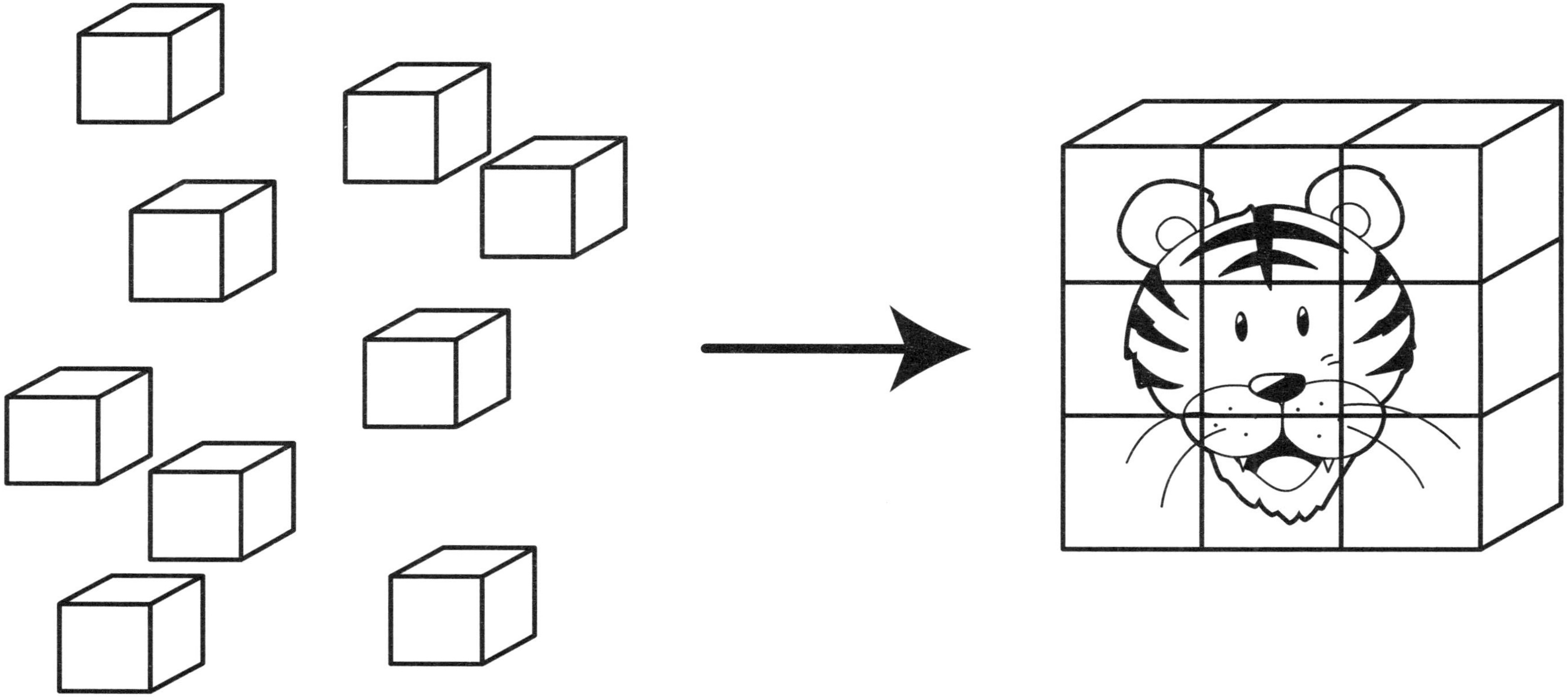

☆桐朋小学校

2021年度版 桐朋学園・桐朋小 過去 無断複製／転載を禁ずる 日本学習図書株式会社

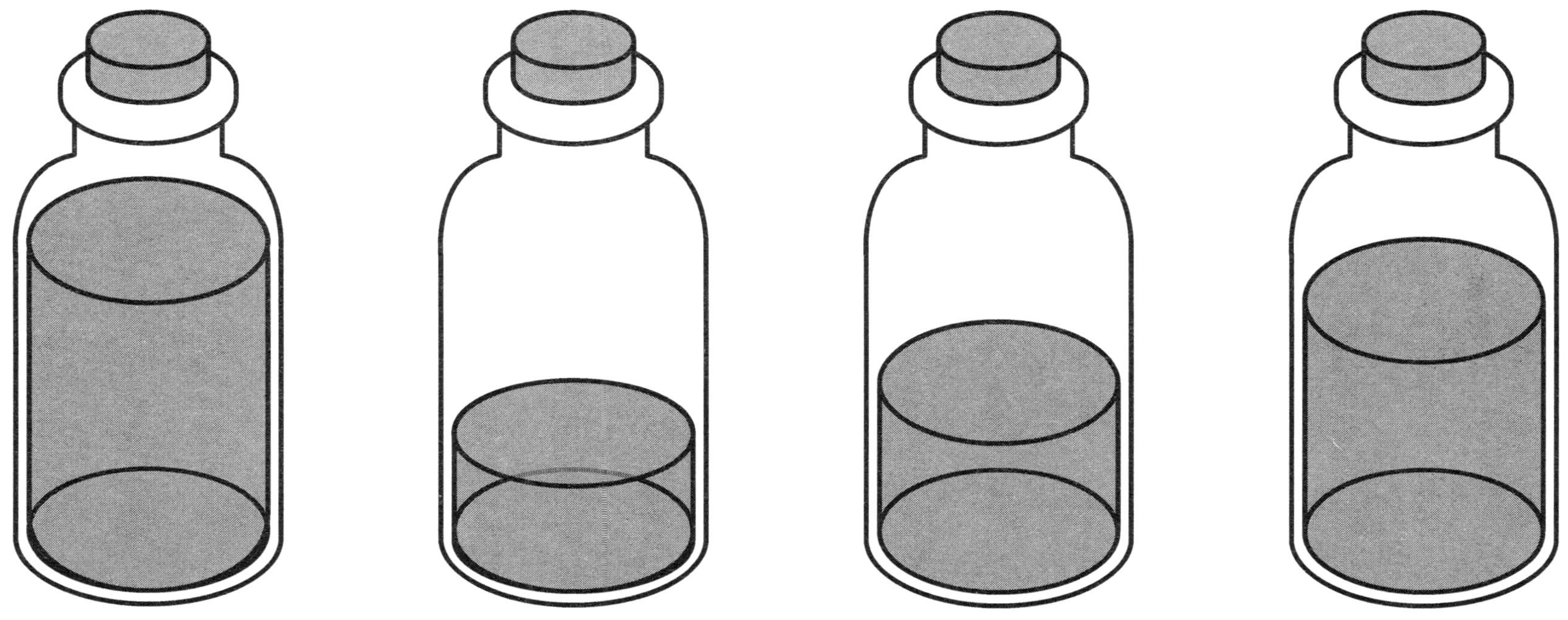

問題２３

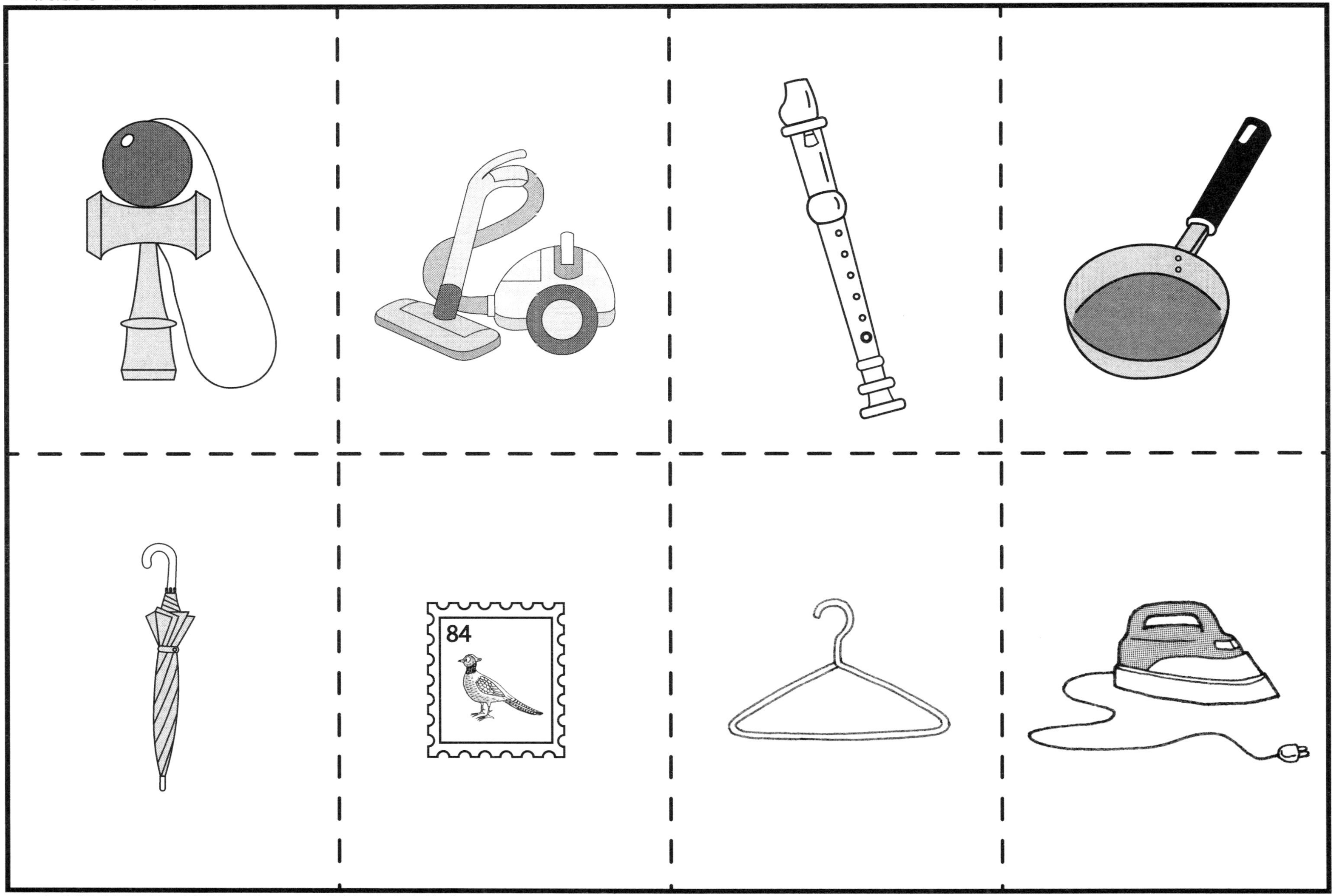

☆桐朋小学校

2021年度版 桐朋学園・桐朋小 過去 無断複製／転載を禁ずる 日本学習図書株式会社

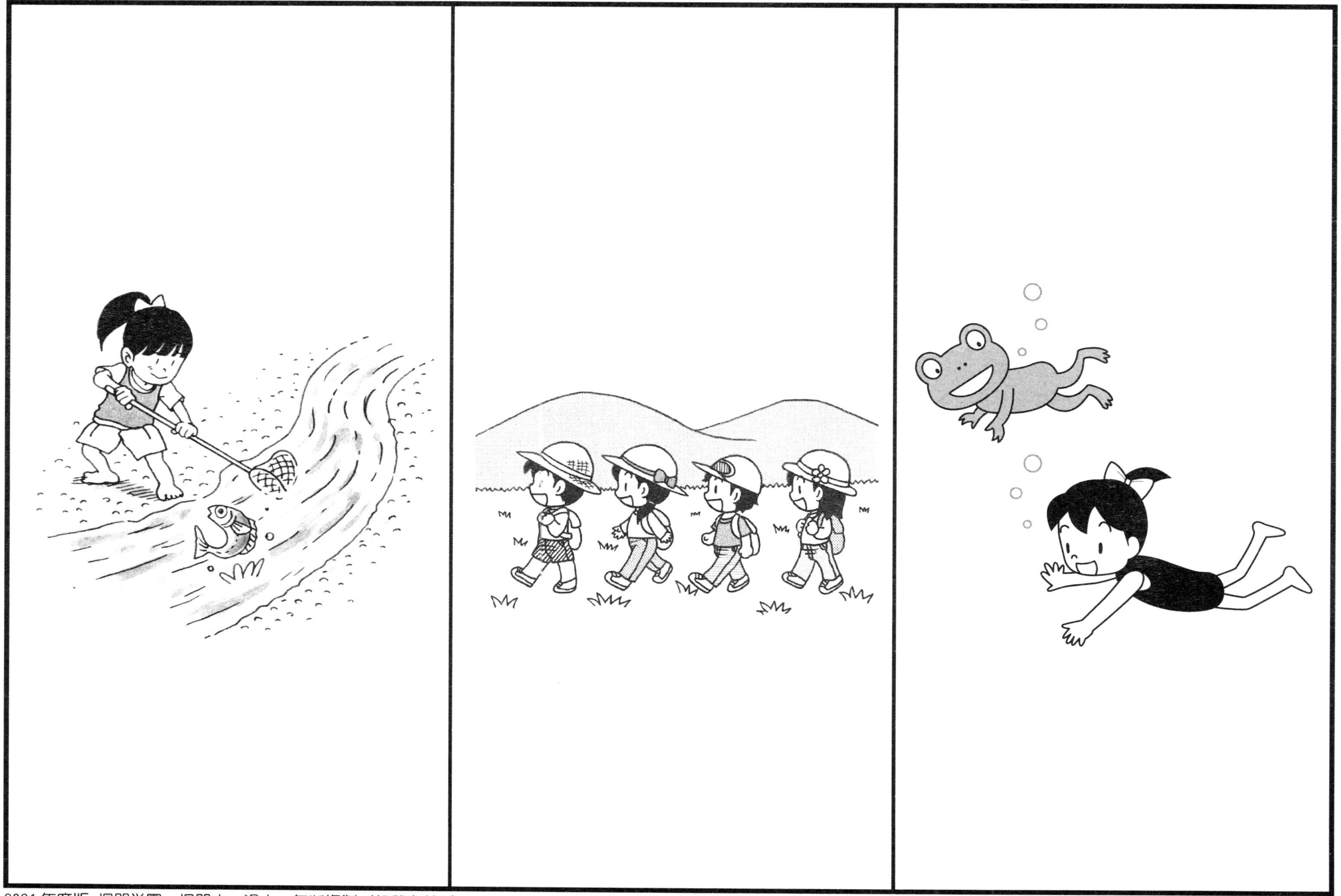

問題24－2

問題２５

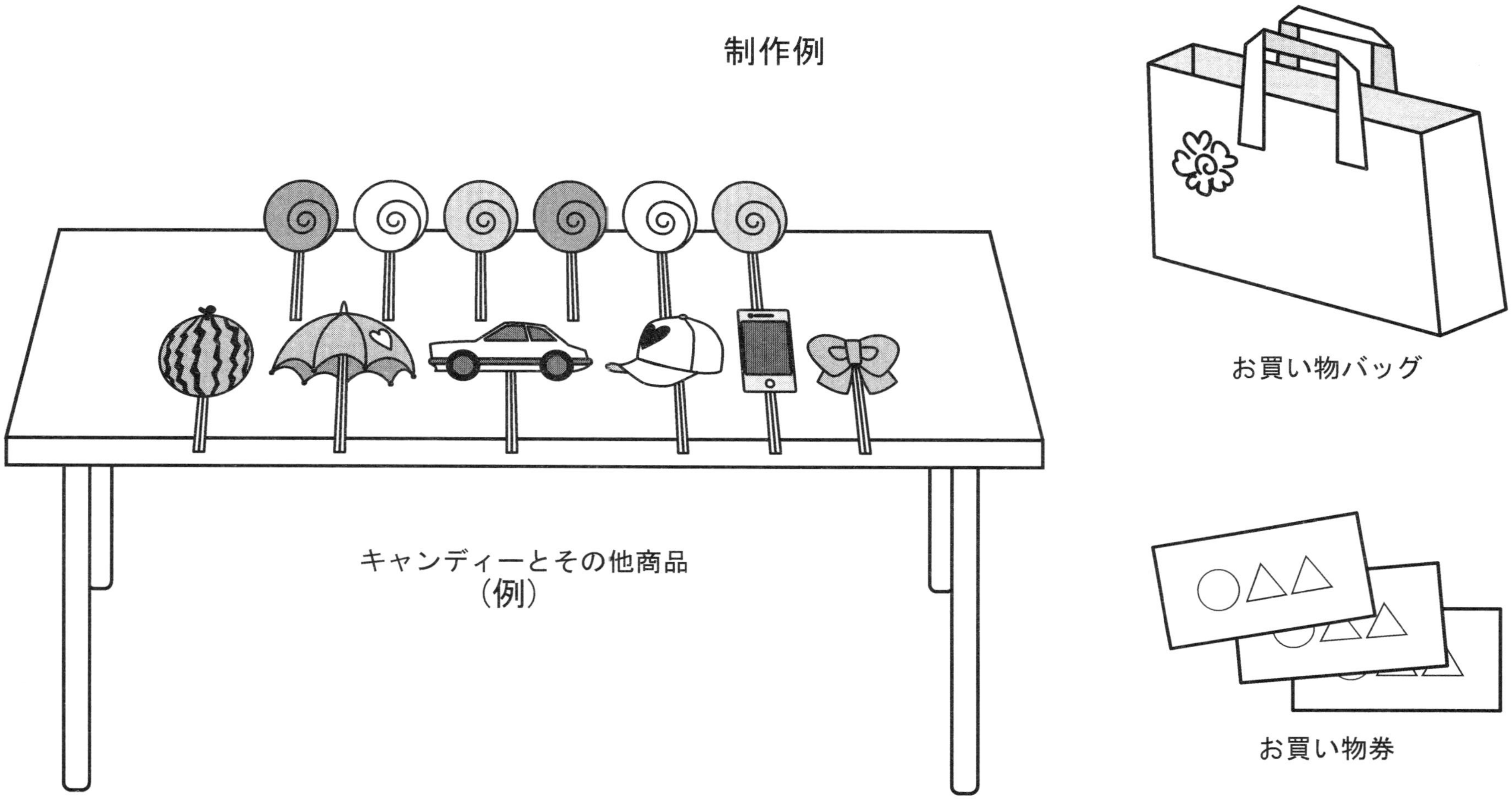
制作例
キャンディーとその他商品
（例）
お買い物バッグ
お買い物券

☆桐朋小学校

問題２７

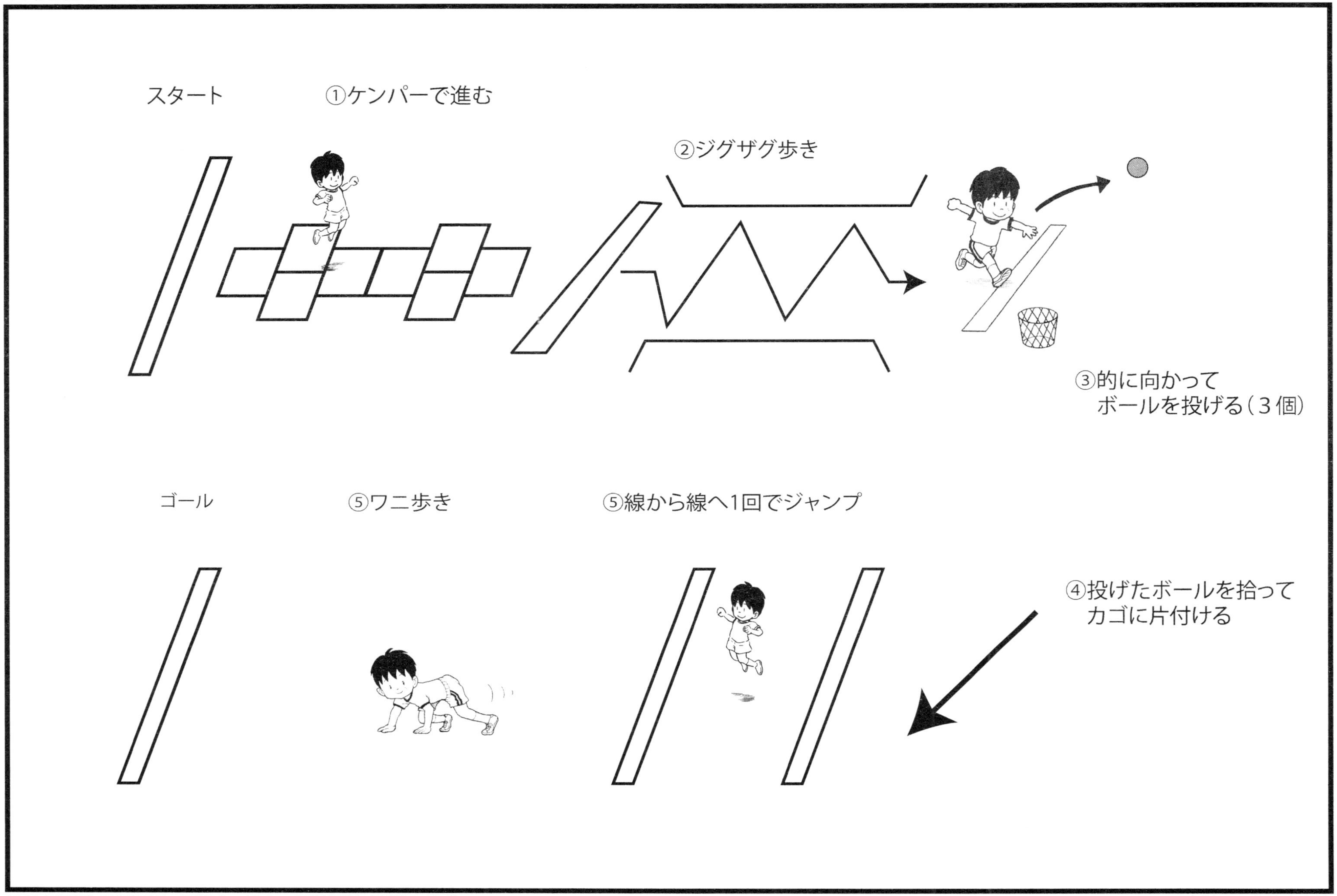
スタート
①ケンパーで進む
②ジグザグ歩き
③的に向かって
ボールを投げる（３個）
ゴール
⑤ワニ歩き
⑤線から線へ1回でジャンプ
④投げたボールを拾って
カゴに片付ける

問題２８

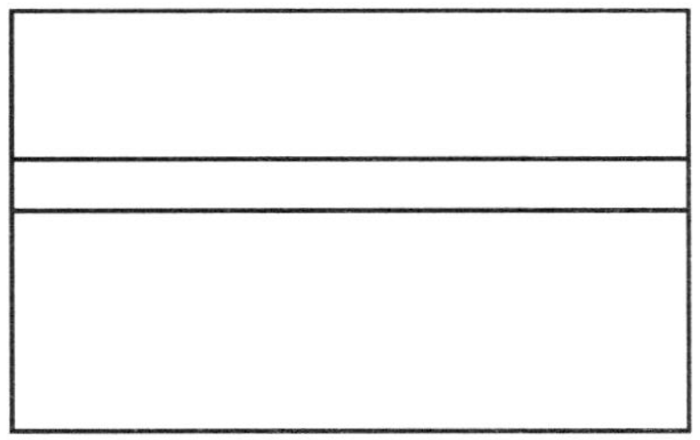

①白の画用紙１枚に太線を書いておく

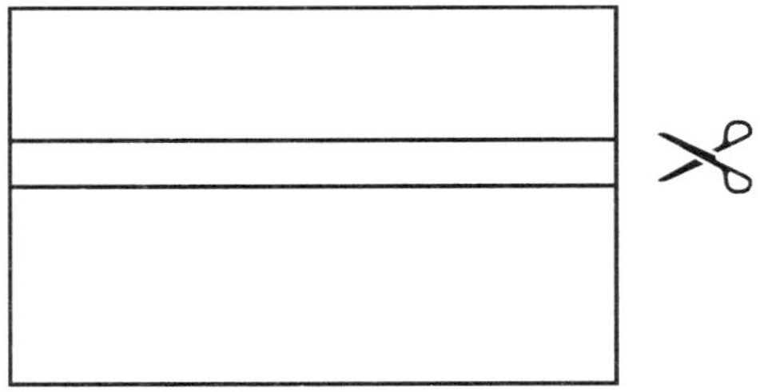

②太線に沿って画用紙を切ります。

③お面の顔部分を作ります。顔は何でも構いません。
この制作例では、ネコのお面を作ります。
黒の画用紙で目と鼻の部分。これは液体のりで貼りました。
白の画用紙で顔の輪郭部分。
ひげと口の部分はモールです。それをセロハンテープで貼っています。

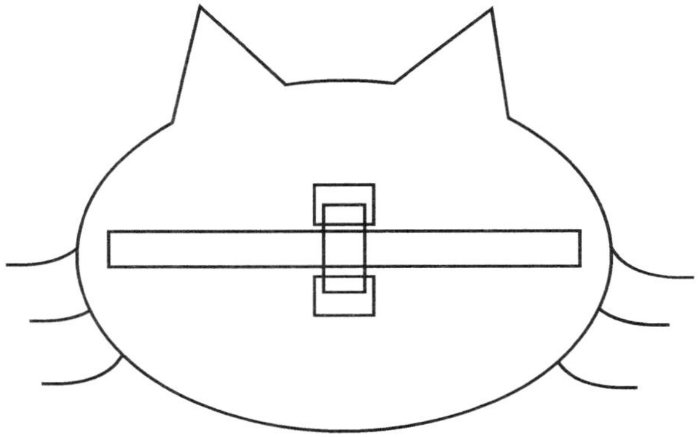

④切った画用紙をお面の裏側に貼ります。
取れないようにセロハンテープで
補強してください。
切った画用紙の両端を自分の頭に
合わせ、セロハンテープで貼って完成です。

☆桐朋小学校

2021年度版 桐朋学園・桐朋小 過去 無断複製／転載を禁ずる 日本学習図書株式会社

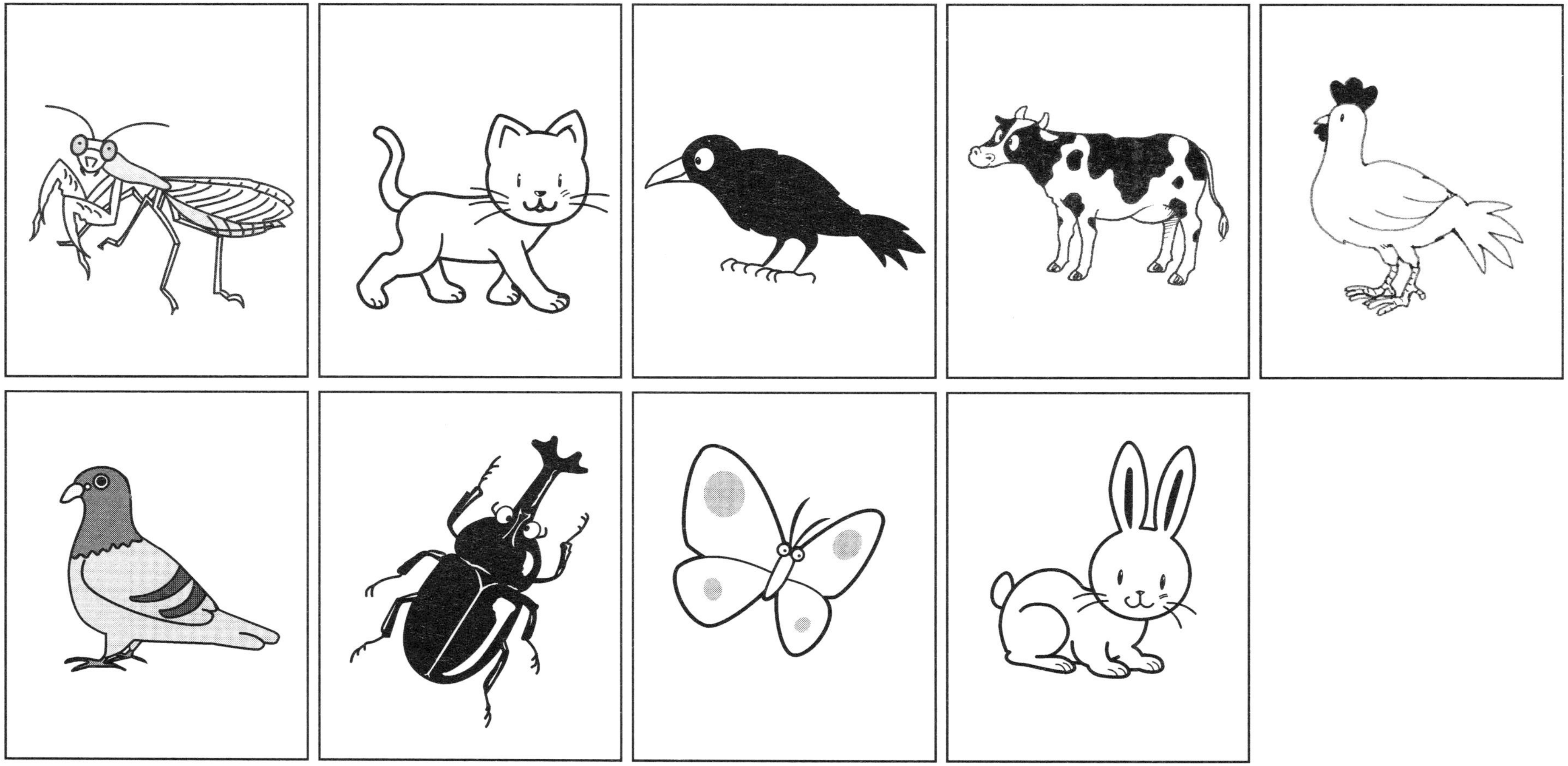

①

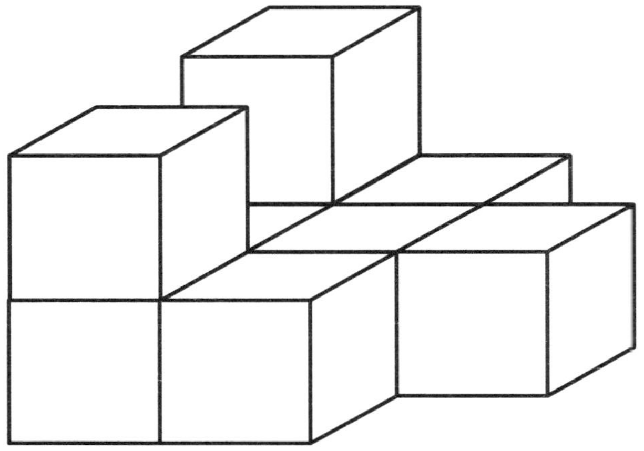

②

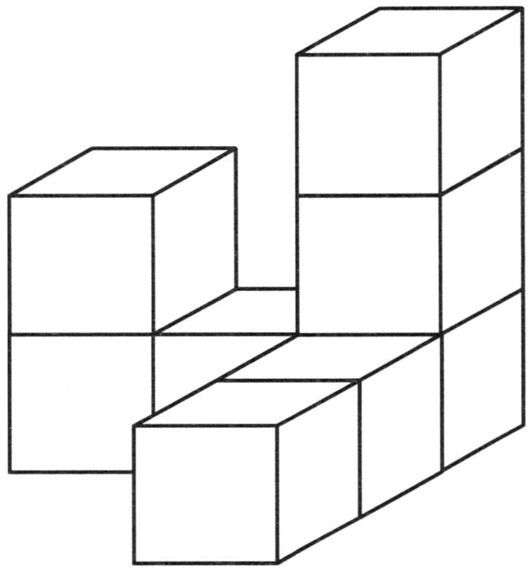

問題32

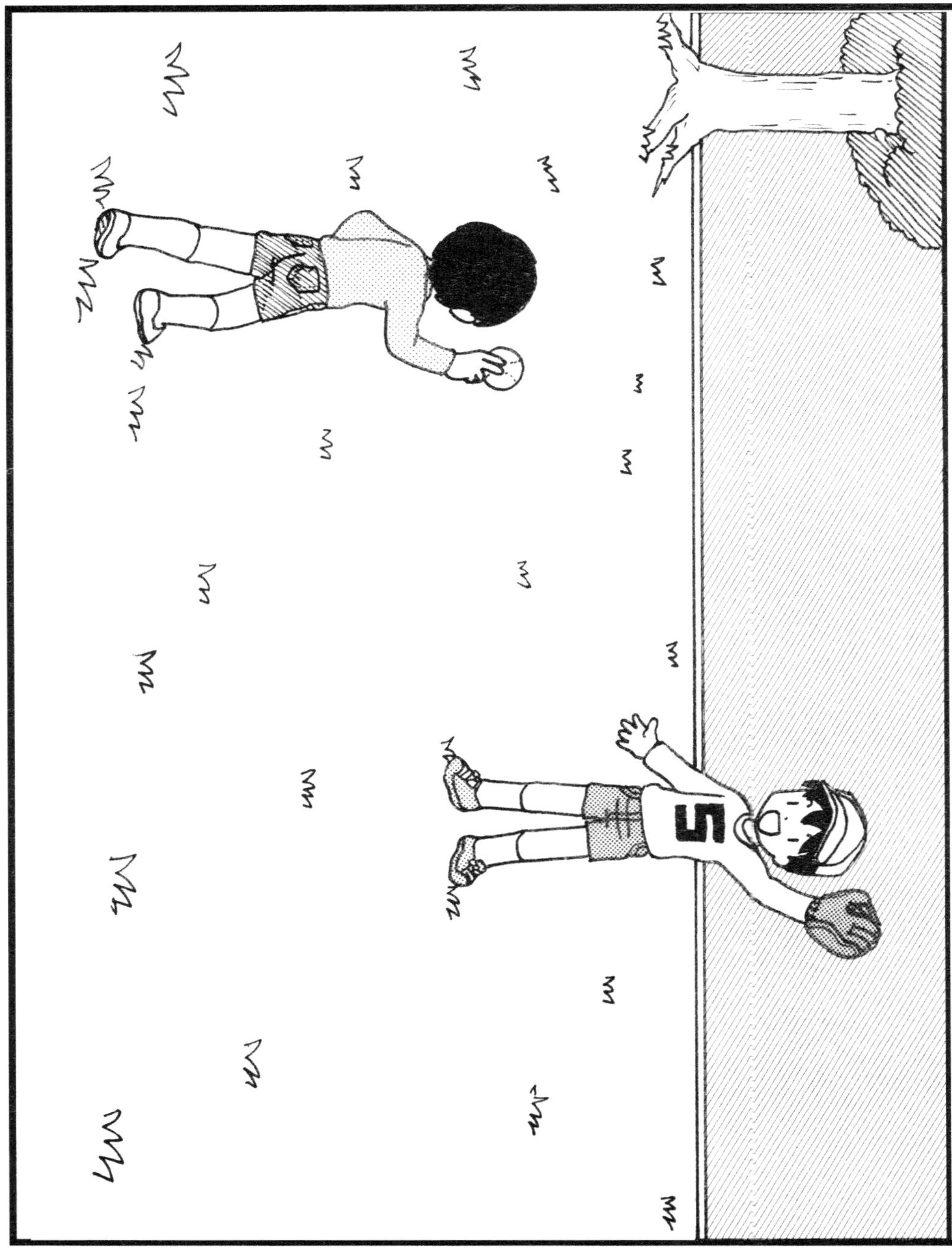

日本学習図書株式会社

☆桐朋小学校

問題33

①

②

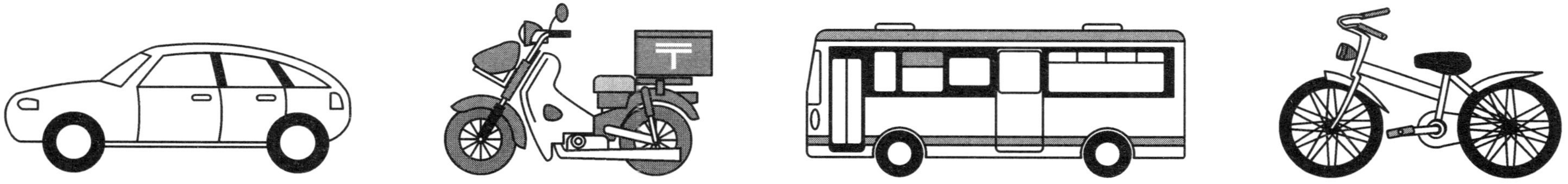

問題３４

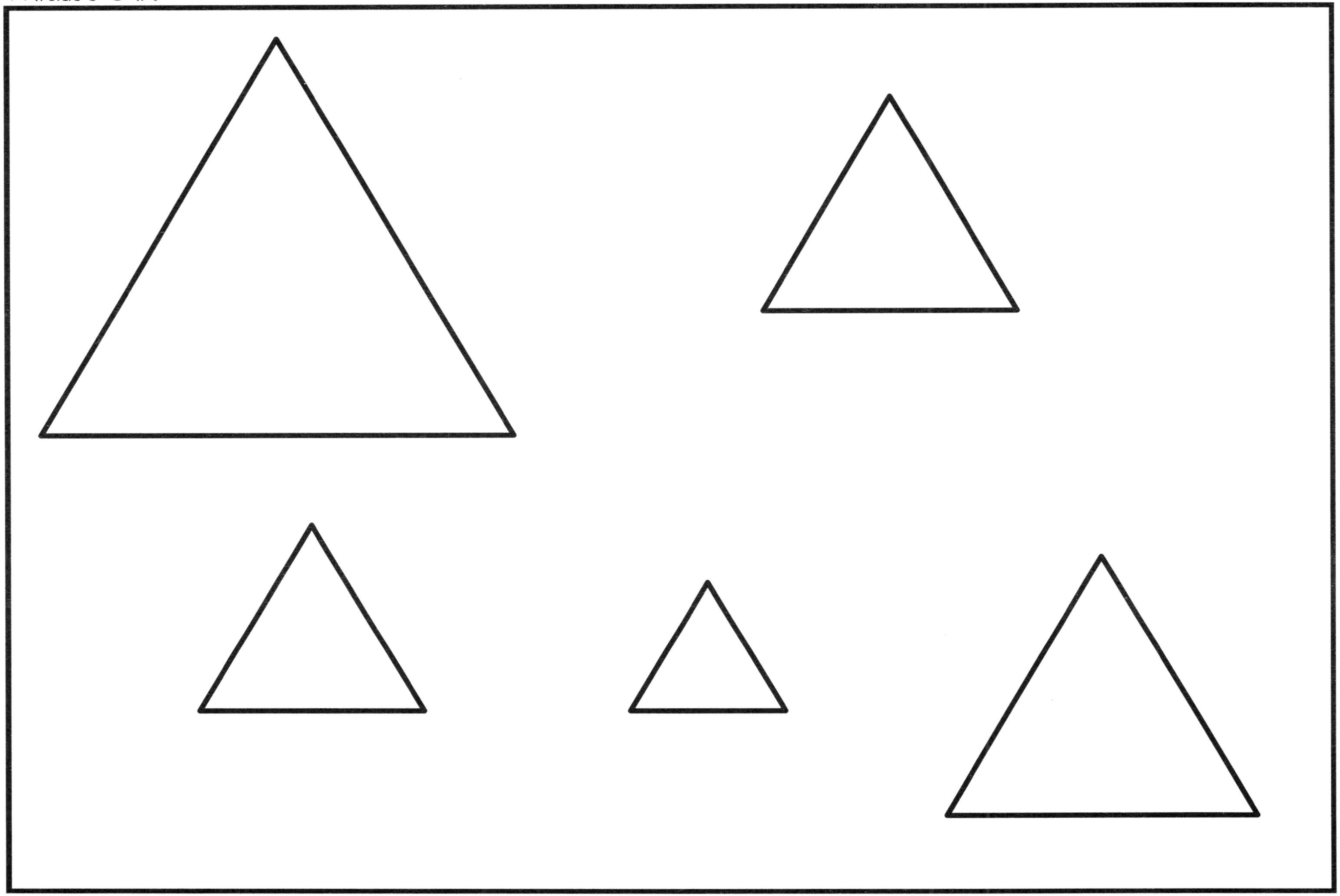

問題35

①

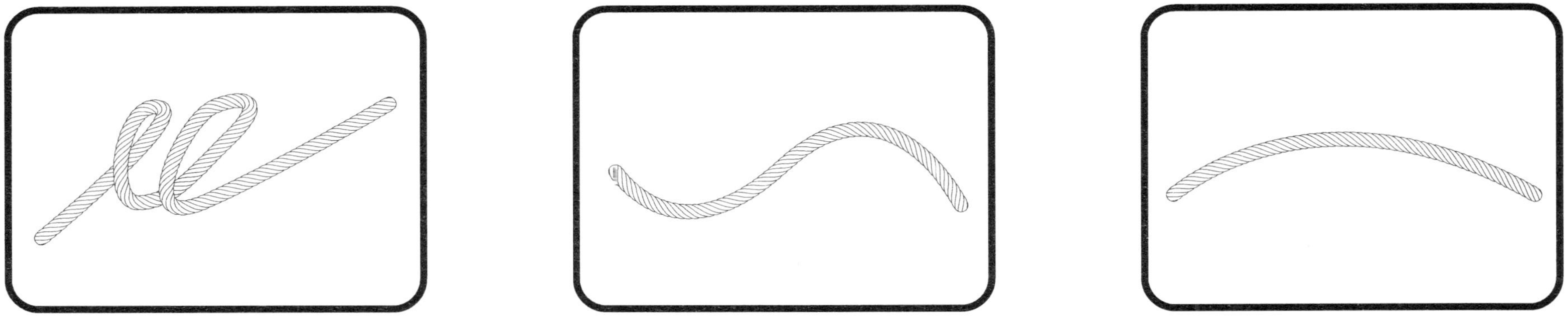

②

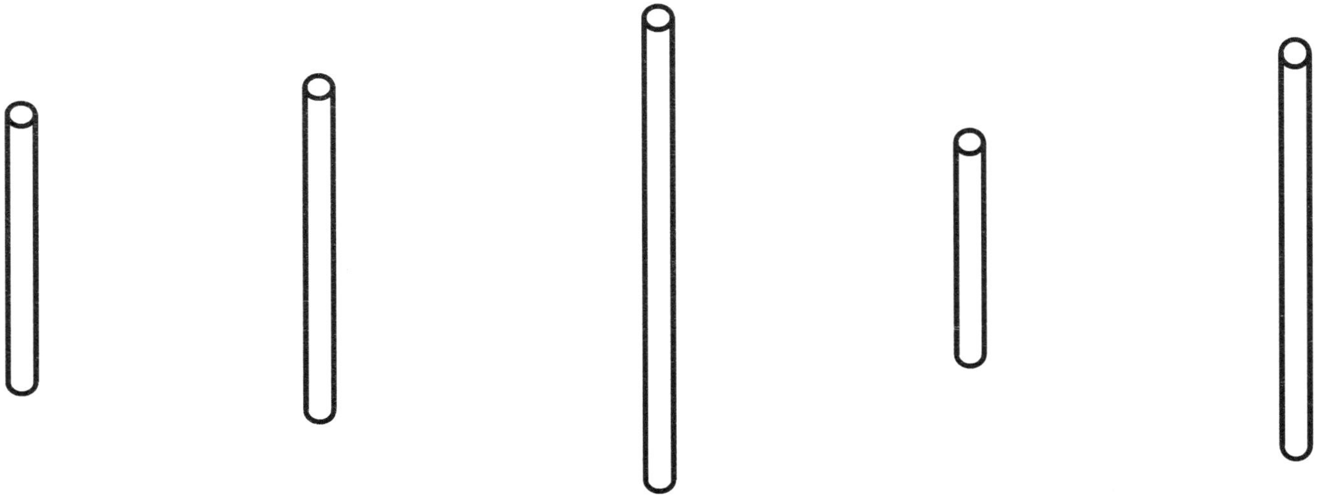

①

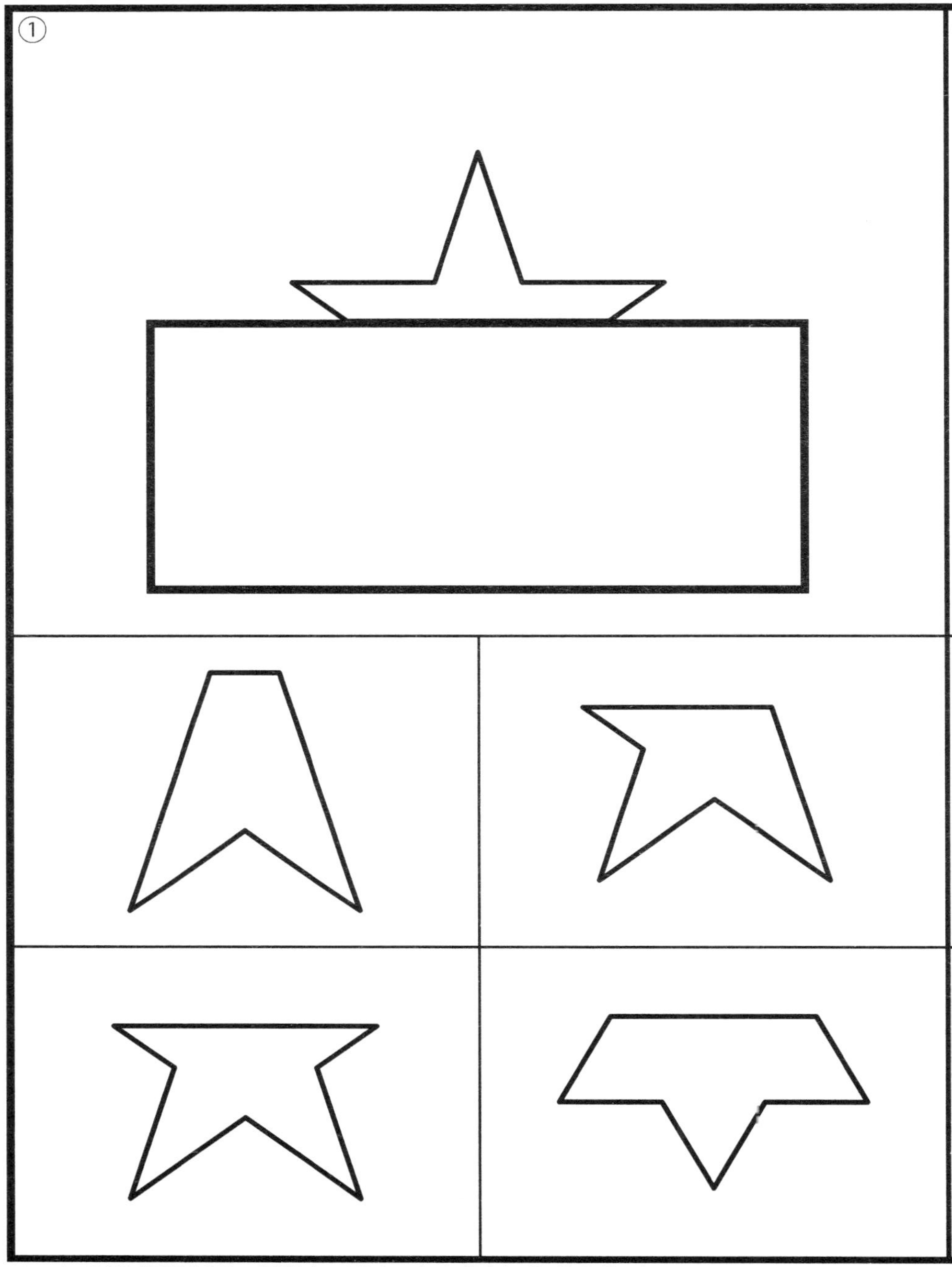

②

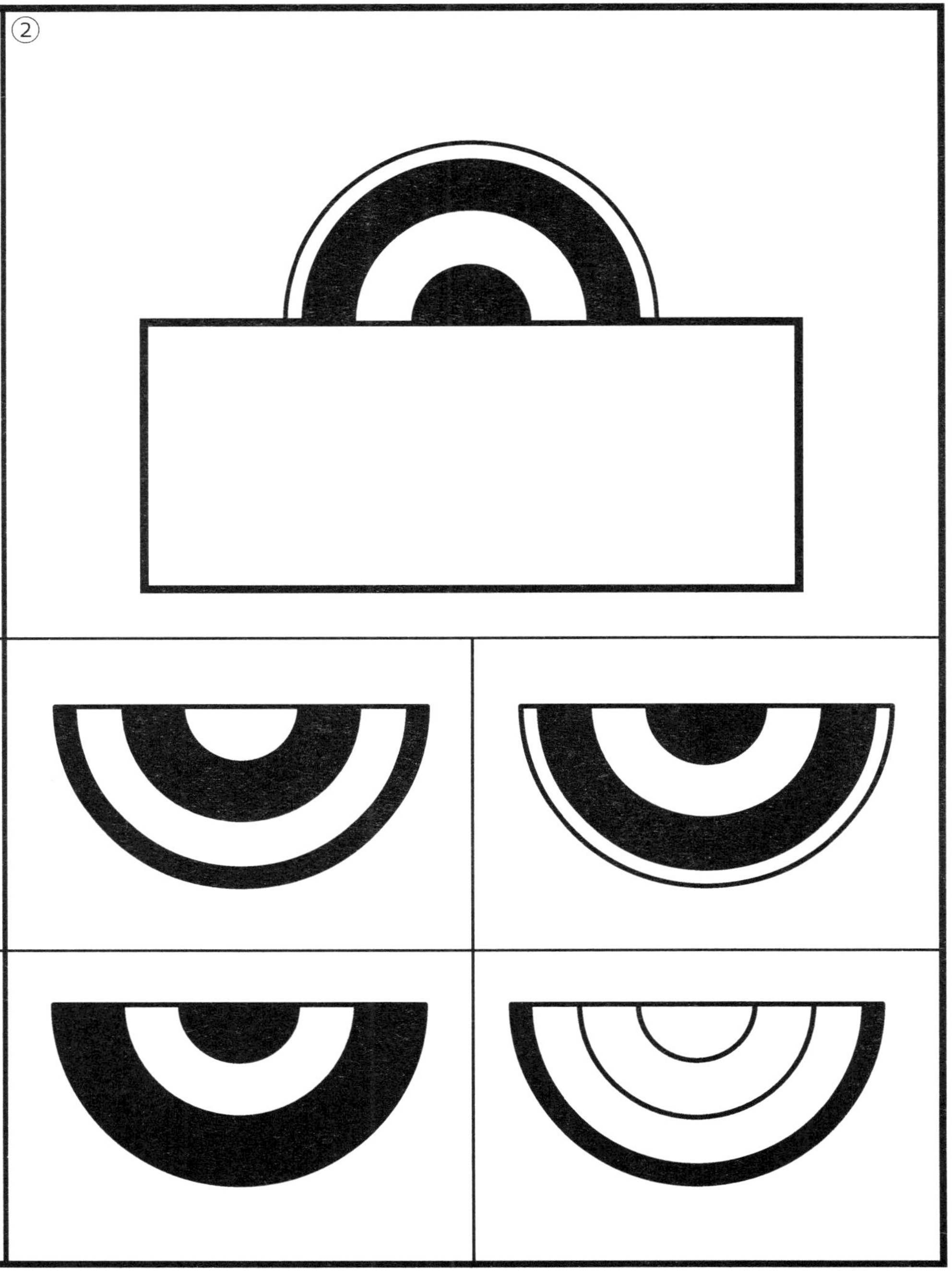

問題 3 7

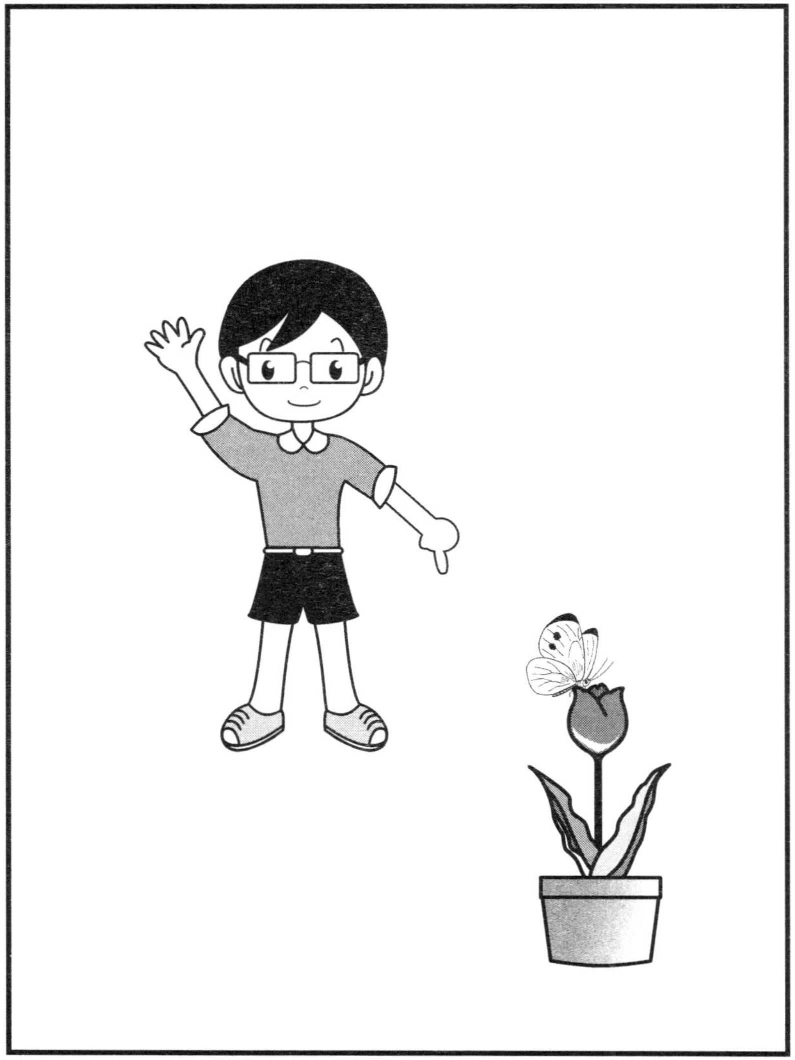

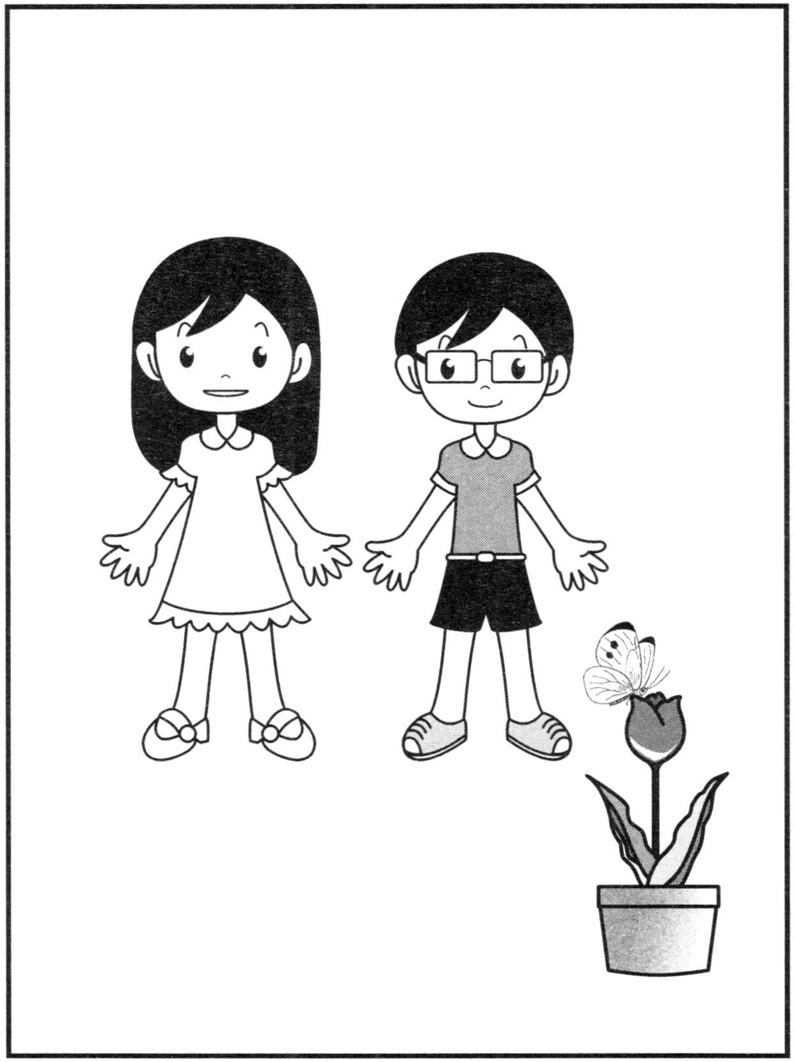

☆桐朋小学校

2021年度版 桐朋学園・桐朋小 過去 無断複製／転載を禁ずる 日本学習図書株式会社

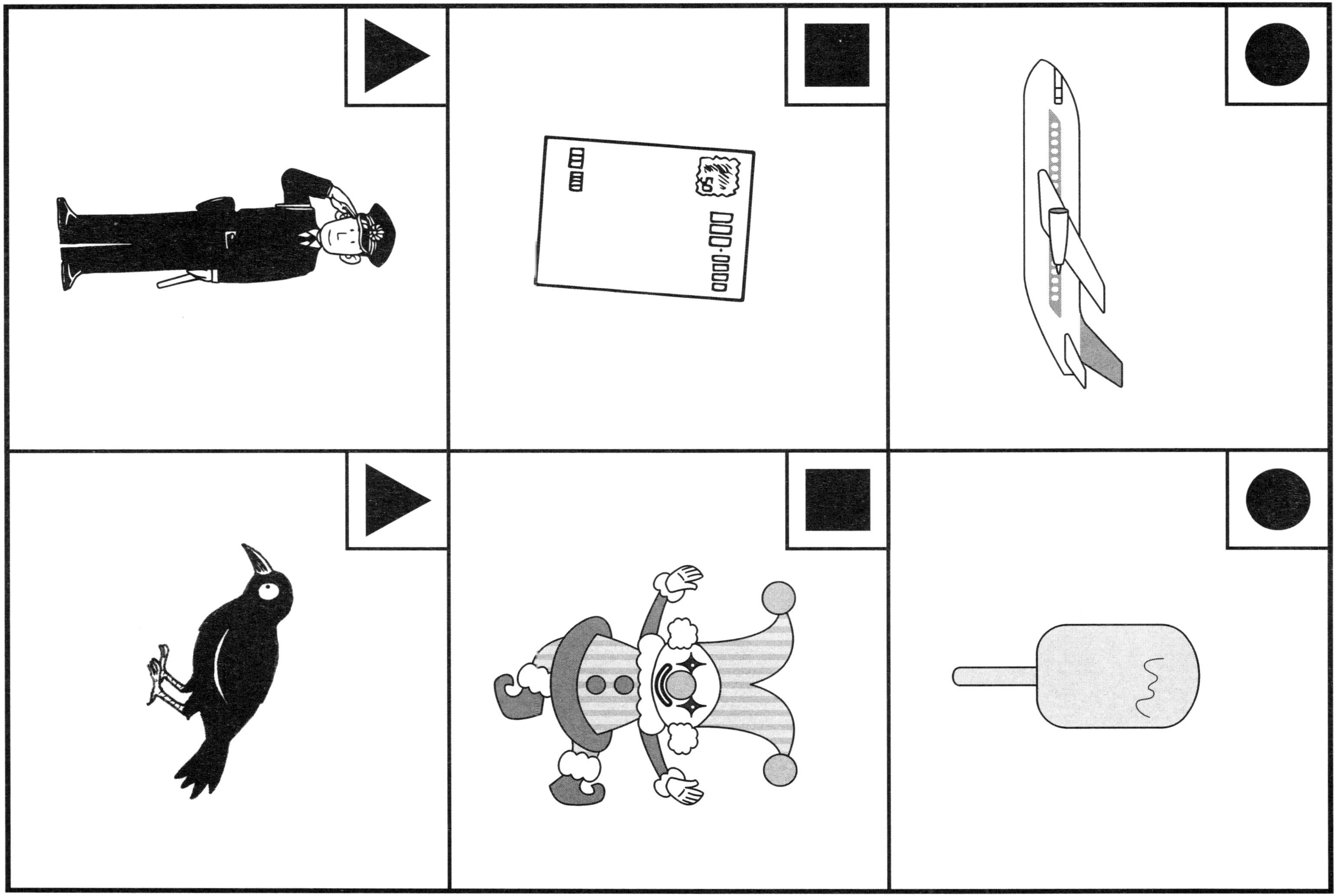

図書カード 1000 円分プレゼント

ご記入日 令和　　年　　月　　日

☆国・私立小学校受験アンケート☆

※可能な範囲でご記入下さい。選択肢は〇で囲んで下さい。

〈小学校名〉＿＿＿＿＿＿＿＿＿＿　〈お子さまの性別〉男・女　〈誕生月〉＿＿月

〈その他の受験校〉（複数回答可）＿＿＿＿＿＿＿＿＿＿

〈受験日〉①：＿＿月＿＿日〈時間〉＿＿時＿＿分　～　＿＿時＿＿分

②：＿＿月＿＿日〈時間〉＿＿時＿＿分　～　＿＿時＿＿分

〈受験者数〉男女計＿＿名　（男子＿＿名　女子＿＿名）

〈お子さまの服装〉＿＿＿＿＿＿＿＿＿＿

〈入試全体の流れ〉（記入例）準備体操→行動観察→ペーパーテスト

＿＿＿＿＿＿＿＿＿＿

Eメールによる情報提供

日本学習図書では、Eメールでも入試情報を募集しております。
下記のアドレスに、アンケートの内容をご入力の上、メールをお送り下さい。

ojuken@nichigaku.jp

●行動観察　（例）好きなおもちゃで遊ぶ・グループで協力するゲームなど

〈実施日〉＿＿月＿＿日〈時間〉＿＿時＿＿分　～　＿＿時＿＿分〈着替え〉□有　□無

〈出題方法〉□肉声　□録音　□その他（　　　　　）〈お手本〉□有　□無

〈試験形態〉□個別　□集団（　　　人程度）

〈会場図〉

〈内容〉

□自由遊び

＿＿＿＿＿＿＿＿＿＿

□グループ活動

＿＿＿＿＿＿＿＿＿＿

□その他

＿＿＿＿＿＿＿＿＿＿

●運動テスト（有・無）　（例）跳び箱・チームでの競争など

〈実施日〉＿＿月＿＿日〈時間〉＿＿時＿＿分　～　＿＿時＿＿分〈着替え〉□有　□無

〈出題方法〉□肉声　□録音　□その他（　　　　　）〈お手本〉□有　□無

〈試験形態〉□個別　□集団（　　　人程度）

〈会場図〉

〈内容〉

□サーキット運動

□走り　□跳び箱　□平均台　□ゴム跳び

□マット運動　□ボール運動　□なわ跳び

□クマ歩き

□グループ活動＿＿＿＿＿＿＿＿＿＿

□その他＿＿＿＿＿＿＿＿＿＿

●知能テスト・口頭試問

〈実施日〉＿＿月＿＿日〈時間〉＿＿時＿＿分～＿＿時＿＿分〈お手本〉□有 □無

〈出題方法〉□肉声 □録音 □その他（　　　　　）〈問題数〉＿＿枚 ＿＿問

分野	方法	内　容	詳　細・イ ラ ス ト
（例） お話の記憶	☑筆記 □口頭	動物たちが待ち合わせをする話	（あらすじ） 動物たちが待ち合わせをした。最初にウサギさんが来た。次にイヌくんが、その次にネコさんが来た。最後にタヌキくんが来た。 （問題・イラスト） ３番目に来た動物は誰か 
お話の記憶	□筆記 □口頭		（あらすじ） （問題・イラスト）
図形	□筆記 □口頭		
言語	□筆記 □口頭		
常識	□筆記 □口頭		
数量	□筆記 □口頭		
推理	□筆記 □口頭		
その他	□筆記 □口頭		

●制作　（例）ぬり絵・お絵かき・工作遊びなど

〈実施日〉＿＿月＿＿日〈時間〉＿＿時＿＿分＿＿～＿＿時＿＿分

〈出題方法〉□肉声 □録音 □その他（　　　　　）〈お手本〉□有 □無

〈試験形態〉□個別 □集団（　　　人程度）

材料・道具	制作内容
□ハサミ	□切る　□貼る　□塗る　□ちぎる　□結ぶ　□描く　□その他（　　　　　）
□のり（□つぼ □液体 □スティック）	タイトル：＿＿＿＿＿＿＿＿＿＿＿＿
□セロハンテープ	
□鉛筆 □クレヨン（　色）	
□クーピーペン（　色）	
□サインペン（　色）□	
□画用紙（□ A4 □ B4 □ A3	
□その他：　　　　　）	
□折り紙 □新聞紙 □粘土	
□その他（　　　　　）	

●面接

〈実施日〉＿＿月＿＿日〈時間〉＿＿時＿＿分＿＿～＿＿時＿＿分〈面接担当者〉＿＿＿名

〈試験形態〉□志願者のみ（　）名 □保護者のみ □親子同時 □親子別々

〈質問内容〉

※試験会場の様子をご記入下さい。

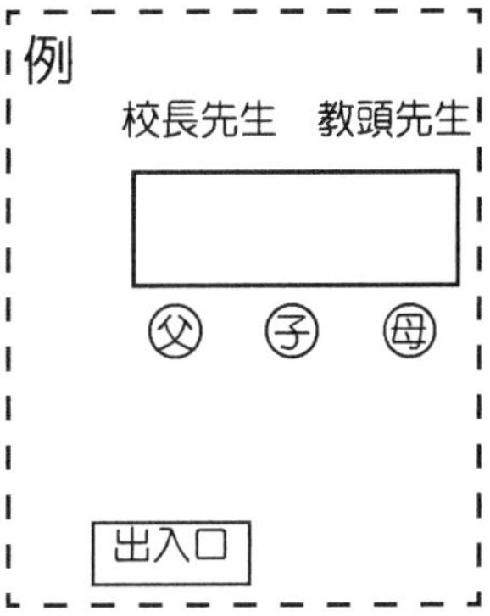

□志望動機　□お子さまの様子

□家庭の教育方針

□志望校についての知識・理解

□その他（　　　　　　　　）

（　詳　細　）

・

・

・

・

●保護者作文・アンケートの提出（有・無）

〈提出日〉□面接直前　□出願時　□志願者考査中　□その他（　　　　　　　　）

〈下書き〉□有　□無

〈アンケート内容〉

（記入例）当校を志望した理由はなんですか（150 字）

●**説明会**（□有　□無）〈開催日〉＿＿月＿＿日〈時間〉＿＿時＿＿分　～　＿＿時＿＿分

〈上履き〉　□要　□不要　〈願書配布〉　□有　□無　〈校舎見学〉　□有　□無

〈ご感想〉

●**参加された学校行事**（複数回答可）

公開授業〈開催日〉＿＿月＿＿日〈時間〉＿＿時＿＿分　～　＿＿時＿＿分

運動会など〈開催日〉＿＿月＿＿日〈時間〉＿＿時＿＿分　～　＿＿時＿＿分

学習発表会・音楽会など〈開催日〉＿＿月＿＿日〈時間〉＿＿時＿＿分　～　＿＿時＿＿分

〈ご感想〉

※是非参加したほうがよいと感じた行事について

●**受験を終えてのご感想、今後受験される方へのアドバイス**

※対策学習（重点的に学習しておいた方がよい分野）、当日準備しておいたほうがよい物など

＊＊＊＊＊＊＊＊＊＊＊＊　ご記入ありがとうございました　＊＊＊＊＊＊＊＊＊＊＊＊

必要事項をご記入の上、ポストにご投函ください。

なお、本アンケートの送付期限は入試終了後３ヶ月とさせていただきます。また、入試に関する情報の記入量が当社の基準に満たない場合、謝礼の送付ができないことがございます。あらかじめご了承ください。

ご住所：〒＿＿＿＿＿＿＿＿＿＿＿＿＿＿＿＿＿＿＿＿

お名前：＿＿＿＿＿＿＿＿＿＿　メール：＿＿＿＿＿＿＿＿＿＿

ＴＥＬ：＿＿＿＿＿＿＿＿＿＿　ＦＡＸ：＿＿＿＿＿＿＿＿＿＿

分野別 小学入試練習帳 ジュニアウォッチャー

1．点・線図形	小学校入試で出題頻度の高い『点・線図形』の模写を、難易度の低いものから段階別に幅広く練習することができるように構成。
2．座標	図形の位置模写という作業を、難易度の低いものから段階別に練習できるように構成。
3．パズル	様々なパズルの問題を難易度の低いものから段階別に練習できるように構成。
4．同図形探し	小学校入試で出題頻度の高い、同図形選びの問題を繰り返し練習できるように構成。
5．回転・展開	図形などを回転、または展開したとき、形がどのように変化するかを学習し、理解を深められるように構成。
6．系列	数、図形などの様々な系列問題を、難易度の低いものから段階別に練習できるように構成。
7．迷路	迷路の問題を繰り返し練習できるように構成。
8．対称	対称に関する問題を４つのテーマに分類し、各テーマごとに問題を段階別に練習できるように構成。
9．合成	図形の合成に関する問題を、難易度の低いものから段階別に練習できるように構成。
10．四方からの観察	もの（立体）を様々な角度から見て、どのように見えるかを推理する問題を段階別に整理し、１つの形式で複数の問題を練習できるように構成。
11．いろいろな仲間	ものや動物、植物の共通点を見つけ、分類していく問題を中心に構成。
12．日常生活	日常生活における様々な問題を６つのテーマに分類し、各テーマごとに一つの問題形式で複数の問題を練習できるように構成。
13．時間の流れ	『時間』に着目し、様々なものごとは、時間が経過するとどのように変化するのかということを学習し、理解できるように構成。
14．数える	様々なものを『数える』ことから、数の多少の判定やかけ算、わり算の基礎までを練習できるように構成。
15．比較	比較に関する問題を５つのテーマ（数、高さ、長さ、量、重さ）に分類し、各テーマごとに問題を段階別に練習できるように構成。
16．積み木	数える対象を積み木に限定した問題集。
17．言葉の音遊び	言葉の音に関する問題を５つのテーマに分類し、各テーマごとに問題を段階別に練習できるように構成。
18．いろいろな言葉	表現力をより豊かにするいろいろな言葉として、擬態語や擬声語、同音異義語、反意語、数詞を取り上げた問題集。
19．お話の記憶	お話を聴いてその内容を記憶、理解し、設問に答える形式の問題集。
20．見る記憶・聴く記憶	「見て憶える」「聴いて憶える」という『記憶』分野に特化した問題集。
21．お話作り	いくつかの絵を元にしてお話を作る練習をして、想像力を養うことができるように構成。
22．想像画	描かれてある形や景色に好きな絵を描くことにより、想像力を養うことができるように構成。
23．切る・貼る・塗る	小学校入試で出題頻度の高い、はさみやのりなどを用いた巧緻性の問題を繰り返し練習できるように構成。
24・絵画	小学校入試で出題頻度の高い、お絵かきやぬり絵などクレヨンやクーピーペンを用いた巧緻性の問題を繰り返し練習できるように構成。
25．生活巧緻性	小学校入試で出題頻度の高い日常生活の様々な場面における巧緻性の問題集。
26．文字・数字	ひらがなの清音、濁音、拗音、拗長音、促音と１～20までの数字に焦点を絞り、練習できるように構成。
27．理科	小学校入試で出題頻度が高くなりつつある理科の問題を集めた問題集。
28．運動	出題頻度の高い運動問題を種目別に分けて構成。
29．行動観察	項目ごとに問題提起をし、「このような時はどうか、あるいはどう対処するのか」の観点から問いかける形式の問題集。
30．生活習慣	学校から家庭に提起された問題と思って、一問一問絵を見ながら話し合い、考える形式の問題集。

31．推理思考	数、量、言語、常識（含理科、一般）など、諸々のジャンルから問題を構成し、近年の小学校入試問題傾向に沿って構成。
32．ブラックボックス	箱や筒の中を通ると、どのようなお約束でどのように変化するかを推理・思考する問題集。
33．シーソー	重さの違うものをシーソーに乗せた時どちらに傾くのか、またどうすればシーソーは釣り合うのかを思考する基礎的な問題集。
34．季節	様々な行事や植物などを季節別に分類できるように知識をつける問題集。
35．重ね図形	小学校入試で頻繁に出題されている「図形を重ね合わせてできる形」についての問題を集めました。
36．同数発見	様々な物を数え「同じ数」を発見し、数の多少の判断や数の認識の基礎を学べるように構成した問題集。
37．選んで数える	数の学習の基本となる、いろいろなものの数を正しく数える学習を行う問題集。
38．たし算・ひき算１	数字を使わず、たし算とひき算の基礎を身につけるための問題集。
39．たし算・ひき算２	数字を使わず、たし算とひき算の基礎を身につけるための問題集。
40．数を分ける	数を等しく分ける問題です。等しく分けたときに余りが出るものもあります。
41．数の構成	ある数がどのような数で構成されているか学んでいきます。
42．一対多の対応	一対一の対応から、一対多の対応まで、かけ算の考え方の基礎学習を行います。
43．数のやりとり	あげたり、もらったり、数の変化をしっかりと学びます。
44．見えない数	指定された条件から数を導き出します。
45．図形分割	図形の分割に関する問題集。パズルや合成の分野にも通じる様々な問題を集めました。
46．回転図形	「回転図形」に関する問題集。やさしい問題から始め、いくつかの代表的なパターンから、段階を踏んで学習できるよう編集されています。
47．座標の移動	「マス目の指示通りに移動する問題」と「指示された数だけ移動する問題」を収録。
48．鏡図形	鏡で左右反転させた時の見え方を考えます。平面図形から立体図形、文字、絵まで。
49．しりとり	すべての学習の基礎となる「言葉」を学ぶこと、特に「語彙」を増やすことに重点をおき、さまざまなタイプの「しりとり」問題を集めました。
50．観覧車	観覧車やメリーゴーラウンドなどを舞台にした「回転系列」の問題集。「推理思考」分野の問題ですが、要素として「図形」や「数量」も含みます。
51．運筆①	鉛筆の持ち方を学び、点線なぞり、お手本を見ながらの模写で、線を引く練習をします。
52．運筆②	運筆①からさらに発展し、「欠所補完」や「迷路」などを楽しみながら、より複雑な鉛筆運びを習得することを目指します。
53．四方からの観察 積み木編	積み木を使用した「四方からの観察」に関する問題を練習できるように構成。
54．図形の構成	見本の図形がどのような部分によって形づくられているかを考えます。
55．理科②	理科的知識に関する問題を集中して練習する「常識」分野の問題集。
56．マナーとルール	道路や駅、公共の場でのマナー、安全や衛生に関する常識を学べるように構成。
57．置き換え	さまざまな具体的・抽象的事象を記号で表す「置き換え」の問題を扱います。
58．比較②	長さ・高さ・体積・数などを数学的な知識を使わず、論理的に推測する「比較」の問題を練習できるように構成。
59．欠所補完	線と線のつながり、欠けた絵に当てはまるものなどを求める「欠所補完」に取り組める問題集です。
60．言葉の音（おん）	しりとり、決まった順番の音をつなげるなど、「言葉の音」に関する問題に取り組める練習問題集です。